茶叶

中国地理标志产品集萃

本书编委会　编

中国质检出版社
中国标准出版社
北京

图书在版编目（CIP）数据

中国地理标志产品集萃. 茶叶 / 本书编委会编. —北京：中国质检出版社，2016.8
ISBN 978-7-5026-4304-1

Ⅰ. ①中… Ⅱ. ①本… Ⅲ. ①茶叶—产品标识—中国 Ⅳ. ①F760.5

中国版本图书馆CIP数据核字(2016)第110228号

中国质检出版社
中国标准出版社 出版发行

北京市朝阳区和平里西街甲2号（100029）
北京市西城区三里河北街16号（100045）
网址：www.spc.net.cn
总编室：（010）68533533 发行中心：（010）51780238
读者服务部：（010）68523946
中国标准出版社秦皇岛印刷厂印刷
各地新华书店经销
*
开本787×1092 1/16 印张 14.5 字数 203 千字
2016年8月第1版 2016年8月第1次印刷
*
定价 40.00元

分卷编委会

本卷前言

在中国富饶而广阔的国土上，每一寸土地都孕育着属于自己的丰富物产，它所呈现的不仅仅是自然的造化，更是人文、民族、群落的全生态演绎。这种“产自特定地域，所具有的质量、声誉或其他特性本质上取决于该产地的自然因素和人文因素，经审核批准以地理名称进行命名的产品”，我们称它为“地理标志产品”。

2005年，国家质量监督检验检疫总局颁布实施了《地理标志产品保护规定》，正式开启了中国地理标志产品的认证保护工作。截至2015年底，正式获批受保护的地理标志产品逾1900件。随着地理标志产品保护实施过程的推进，在产品之外实现了品牌效应、旅游文化、城市名片以及国际化发展等更多的附加值目标，这成为了推动地理标志产品保护工作持续扩大并完善的动力，也激发了我们进一步凝练集合从而策划出版“中国地理标志产品大典”丛书的构想。在国家质检总局的指导下，“大典”丛书于2015年9月付梓出版，相继入选“十二五”国家重点规划图书、国家新闻出版改革发展项目库、财政部中央文化企业国有资本经营预算资助项目以及“丝路书香工程”重点翻译资助项目，凸显了国家对于中华传统文化宣传出版工作的重视。

为满足广大读者阅读需求，分门别类对中国地理标志产品的精华予以呈现，我们策划出版了“中国地理标志产品集萃”丛书。丛书涵盖陶瓷、纺织工艺品、酒、手工艺品、水产品、珠宝玉石、中药材、调味品、特色小吃、食用油、花卉、水果、稻粟米、茶叶等14个分卷、236个地理标志产品。每一分卷承载该品类中华物产所蕴含的历史文化、地域风情。这是一场中国物产的集体秀场，是中国文化的深度推介，是中国质量的有声宣示。中华物产既是民族的，也是世界的。丛书将会给地理标志产品的发展开辟新途径、提供新思路，为地理标志产品的“走出去”提供厚实的铺垫；同时，丰富中国文化结构的层次，传承另一种人文自然的经典。

本卷为茶叶卷。“茶”字出于《尔雅·释木》：“槚，苦荼（即后来的“茶”字）也。”中国是茶的故乡，也是茶文化的发源地。中国茶叶的发现和利用已有四五千年历史，长盛不衰。 茶，始于神农时代，与中华文化相伴走过数千年的历史长河。茶，生于天地之间，采天地之灵气，吸日月之精华。茶里藏河，茶中有山。好茶多生自幽谷峻岭，长于高山云雾间，不仅尽享日月光华，饱餐风霜雨露，还远离污染、嘈杂的环境，一生与青山绿水相伴。自古就有“好山好水出好茶”“山秀水美茶香”之说。明代《茶疏》说：“水为茶母。”以叶为形、以水为质、以韵为性、以静为仪的茶，愿将人生所有的苦一一煮沸，煮成一杯杯淡淡的清香。本卷通过精美文图内容的展示，从独特的地理环境、丰富的历史传说、成功的品牌故事以及生活实用小常识等方面对茶叶进行了全方位的介绍，将带您领略她的悠悠飘香，品味她的淡淡苦涩。

任何一个鸿篇巨制的背后都凝聚着很多辛勤的汗水。本套丛书的孕育集合了国家质检总局的关怀指导，各地质检机构的编纂整合，有关学协会、企业等的积极配合。在此，对上述不懈努力的各位同仁致以最衷心的感谢！希望这套丛书能不负众望，将中国地理标志文化传世典藏。

本书编委会

2016年6月

目录

产品概况

产 品 名 称：西湖龙井茶

国家公告号：国家质量监督检验检疫总局2002年第3号

保 护 范 围：以《杭州市西湖龙井茶基地保护条例》规定的地域范围为准，基地划分为一级保护区和二级保护区，共168平方公里。一级保护区为西湖街道所辖龙井村、翁家山村等九个自然村，基地面积约50平方公里，其余西湖龙井茶基地为二级保护区

西湖龍井茶

西湖龙井茶，汇聚在西湖秀丽的湖光山色，外形扁平挺秀，大小光滑匀齐，色泽嫩绿鲜润。泡在杯中茶芽嫩绿成朵，一旗一枪，交错相映，上下翻飞，翩翩起舞，茶汤嫩绿鲜亮，香气嫩香馥郁，滋味鲜醇甘爽，细细地观赏，慢慢地品饮，实在是一种高雅的享受。人们常说：品茶者品味人生，喝茶者解读人生。品味西湖龙井茶，犹如品读一知己，品读一篇深邃的文章；品味西湖龙井茶，仿佛能让我们穿越千年，去参观那千年的制茶工艺，了解那千年的茶叶文化。『人中之美数潘安，茶中之美数龙井』。西湖龙井，这个茶中美者，它是大自然的造化和劳动人民智慧的结晶，也是千百年茶文化的积淀。

地理环境

欲把西湖比西子 从来佳茗似佳人

杭州市地处长江三角洲南翼，杭州湾西端，钱塘江下游，京杭大运河南端，地理位置处在北纬29°11′~30°33′，东经118°21′~120°30′。杭州市文物繁华、人才荟萃，为我国著名的风景旅游胜地和历史文化名城，被誉为“人间天堂”“丝绸之府”和“中国茶都”。

西湖龙井茶产自于杭州西湖周围的群山之中，位于北纬30°04′~30°20′，处在茶树生长“黄金线”的正中位置。西湖周边山势连绵、林木茂密、翠竹婆娑，东依西子湖，南濒钱塘江，全区168平方公里土地，丘陵坡地占95%，整个西湖龙井茶园就分布在林木茂盛的山丘坡地之中。山势自西北向东南倾斜，缓缓伸向钱塘江和西子湖，西北部有北山、北高峰、天竺峰作屏障，阻挡寒流的侵袭，南部受钱塘江湿润季风的调节，境内气候温和，雨量充沛，光照充足。地区年降雨量在1400毫米左右，年光照在1700小时左右，年平均温度在16.2℃，无霜期长达250天以上。泥盆纪石英岩发育而成的黄泥沙土壤，土壤微酸性，土层深厚，有机质含量高，排水性好，加上全区山高岭陡，溪谷深广，潺潺流水，长年不断，使西湖龙井茶园在整体上处于“一堤杨柳占春风，柳外青山雨蒙蒙”的极好生态环境中。西湖秀丽的湖光山色孕育出西湖龙井的特有品质。

· 西湖龙井茶园　胡锦忠 / 摄影

杭茶自古在湖西 茶史悠悠数千秋

杭州之茶，产自西湖之西，初见于南北朝，传说是南朝诗人谢灵运在杭州下天竺翻译佛经时，从天台上引种而来。山水秀丽的自然环境赋予了龙井茶天地的灵气。西湖不仅是产茶的天然好天地，更孕育了品茶的自然环境。

早在唐朝时，钱塘（今杭州）天竺、灵隐二寺就已产茶。茶圣陆羽在《茶经》中提及了西湖“天竺、灵隐二寺”所产的茶，这是杭州出产茶叶的最早的文字记载。南宋《咸淳临安志》也记载：“岁贡，见旧志载，钱塘宝云庵产者名‘宝云茶’，下天竺香林洞产者名‘香林茶’，上天竺白云峰产者名‘白云茶’。”可见，宋时杭州西湖产茶已属茶中佳品。

·王洪江／摄影

• 龙井村　胡锦忠 / 摄影

·龙井泉　胡锦忠／摄影

“龙井”是以地名、井名成名在先，茶名得名在后，一直到明太祖 “听茶户惟采芽茶以进”的改革后，“龙井茶”才得以正式登场，进而声名鹊起。清乾隆皇帝好茶，六次南巡至杭，其中四次来到西湖茶区，对龙井茶赞不绝口、题诗作咏，是龙井茶发展史上值得浓墨重彩的一笔。而乾隆皇帝“火前嫩，火后老，惟有骑火品最好”的精彩诗句，更被誉为龙井茶文化之佳话。

到了近现代，西湖龙井的美名更是享誉全球。龙井茶内隽外秀，色绿、香郁、味甘、形美，被誉为“绿茶皇后”，不仅是坊间亲友互相馈赠的佳品，更是被当作“国礼”，赠送给国际友人。

·新西湖十景里的“龙井问泉” 周晶 / 摄影

清乾隆皇帝南巡杭州时，因对龙井茶赞不绝口，因而写下了《再游龙井作》这首诗。“问山得路宜晴后，汲水烹茶正雨前”取自该诗的颔联。其诗全文是：“清跸重听龙井泉，明将归辔启华旃。问山得路宜晴后，汲水烹茶正雨前。入目光景真迅尔，向人花木似依然。斯诚佳矣予无梦，天姥那希李谪仙。”

西湖龙井茶之所以能成我国第一名茶并发扬光大，一则是因其独特的品质。“院外风荷西子笑，明前龙井女儿红。”这优美的句子如诗如画，堪称西湖龙井茶的绝妙写真。西湖龙井有色绿、香郁、味甘、形美“四绝”，与其茶树生长环境、品种资源、栽培管理、加工工艺和储藏方式等有着密不可分的关系。二则离不开西湖龙井茶本身的历史文化渊源。西湖龙井茶不仅仅是一杯绿茶的价值，更是一种文化艺术的价值，里面蕴藏着较深的文化内涵和历史渊源。

嫩荚新芽细拨挑　抓抖搭榻十妙法

天气转暖的三四月，西湖茶村就开始忙碌了。采茶女忙着采撷新茶嫩叶，炒茶高手忙着炒制龙井茶，茶香馥郁。西湖龙井茶的采摘以细致著称，归结起来三大特点：早、嫩、勤，即时间早，原料嫩，采摘勤。原料品质的高下，奠定了茶叶成品后的品质基础。西湖龙井茶加工工艺流程独特，十道工序相辅相成，摊放是前提，青锅是基础，辉锅是关键。西湖龙井茶炒制工艺特殊，采用抓、抖、搭、榻、捺、推、扣、甩、磨、压等“十大”手法，在炒制时根据实际情况交替使用、有机配合，做到动作到位，茶不离锅，手不离茶，以求保持茶叶的颜色翠绿、香味醇高和外形美观。

·胡锦忠／摄影

·王洪江／摄影

·炒茶工艺

茶禅一味 天人合一

“江南风致说僧家，石上清香竹里茶。法藏名僧知更好，香烟茶晕满袈裟。”西湖龙井茶与佛教有着极深的关联。2011年，西湖文化景观被接纳为世界遗产。在《西湖文化景观申遗文本》中就有相关的一段叙述：“杭州地区自东晋（4世纪）时期灵隐寺建寺后即在佛寺附近的山地开始栽种茶树……及至北宋，佛教天台宗著名高僧、上天竺住持高僧辩才大师由上天竺寺退居南山龙井寿圣院，因其喜好煮茶论道，特将灵隐寺庙一带的茶树移种到现在的风篁岭一带，遂使南山一带逐渐成为茶叶种植的主要基地。现坐落于风篁岭上的‘龙井’一带是11世纪宋代以降文人雅士与僧人品茶参禅的名胜地点，当年辩才法师、苏轼、陆游等诸多文化精英曾在这一带品茶参禅。他们把饮茶的过程作为一种精神享受，进行品格和情操的自我修炼；并将品茗活动作为寄情自然山水的一种介质，或于山间清泉抚琴烹茶，或文人相聚品茗、以诗会友，追寻和享受着‘天人合一’的特别意境。”这段阐述极好地诠释了茶与禅之间的渊源。

·过溪亭　胡锦忠 / 摄影

·禅茶表演　中国茶叶博物馆 / 供图

文化积淀

在西湖1500余年的栽茶、制茶、品茶历史中，人茶相融，人茶相育，涌现了一大批爱茶、学茶、事茶之人，积淀了极其深厚、独树一帜的茶文化，唐至清1200余年间留下的120余种茶书，杭州籍作者有8人，著书10部。历朝历代在杭为官任职的文化名人中，嗜茶吟诗品茗泼墨者为数众多，其中如白居易、苏东坡、陆游、吴昌硕等人作品已成为旷世珍宝。今天的杭州人，仍以对茶的钟爱，谱就一曲曲茶之赞歌：周大风创作的《采茶舞曲》，被联合国教科文组织列为民歌教材；王旭烽创作的长篇小说《茶人三部曲》荣获茅盾文学奖。璀璨夺目的西湖龙井茶文化，不仅是杭州历史文化中的奇葩，也是中华民族文化中的瑰宝。

龙井试茶

明·高应冕

天风吹醉客，乘兴过山家。
云泛龙沙水，春分石上花。
茶新香更细，鼎小煮尤佳。
若不烹松火，疑餐一片霞。

坐龙井上烹茶偶成

清·乾　隆

龙井新茶龙井泉，一家风味称烹煎。
寸芽生自烂石上，时节焙成谷雨前。
何必团凤夸御茗，聊因雀舌润心莲。
呼之欲出辩才出，笑我依然文字禅。

弗吉告堂·龙井茶歌

明·于若瀛

西湖之西开龙井，烟霞近接南山岭。
飞流密汩写幽壑，石磴引曲片云冷。
拄杖寻源到上方，松枝半落澄潭静。
铜饼试取烹新茶，涛起龙团沸谷芽。
中顶无须忧兽迹，湖山岂惧固金沙。
漫道白芽双井嫩，未必红泥方印嘉。
世人品茶未尝见，但说天池与阳羡。
岂知新茗煮新泉，团黄分列浮瓯面。
二枪浪自附三篇，一串应输钱五万。

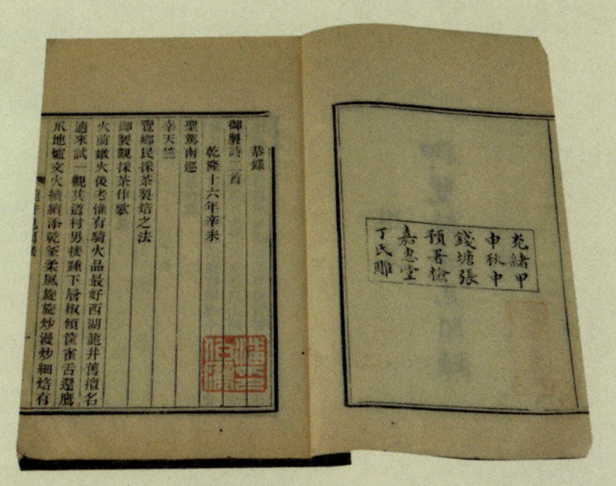
光緒甲申秋中錢塘張預署檢嘉惠堂丁氏雕

恭錄
御製詩二首
乾隆十六年辛未
聖駕南巡
幸天竺
覽鄉民採茶製焙之法
御製觀採茶作歌
火前嫩火後老惟有騎火品最好西湖龍井舊擅名
適來試一觀其道村男接踵下層椒傾筐雀舌還鷹
爪地爐文火續續添乾釜柔風旋旋炒漫炒細焙有

·《龙井见闻录》残本　中国茶叶博物馆 / 供图

《龙井见闻录》为清代嘉兴人汪孟鋗所撰，对研究杭州龙井的历史具有重要的史料价值。

品牌建设

不尽西湖美　一品龙井香

得天独厚的生长环境，优异的品种资源，法乎自然的栽培方式， 独特精绝的炒制技艺，正是以上独特的条件造就了西湖龙井茶独特的品牌。1959年，西湖龙井茶被评为全国“十大名茶”第一名；2004年被评为浙江省第一届“十大名茶”；2009年被授予浙江省“特别荣誉名茶”称号；2010年成为上海世博会“中国世博十大名茶”。

杭州西湖龙井茶叶有限公司成立于1984年，坐落于风景秀丽的西子湖畔西侧，位于盛产极品狮峰龙井茶的狮峰山脚下之龙井路上。公司主要经营“贡”牌西湖龙井茶，是一家集种植、加工与销售为一体的西湖龙井茶企业，是国家礼品茶指定承办单位、浙江省示范茶厂、杭州市农业龙头企业和龙井茶标准样制定单位。

· 狮峰山　胡锦忠 / 摄影

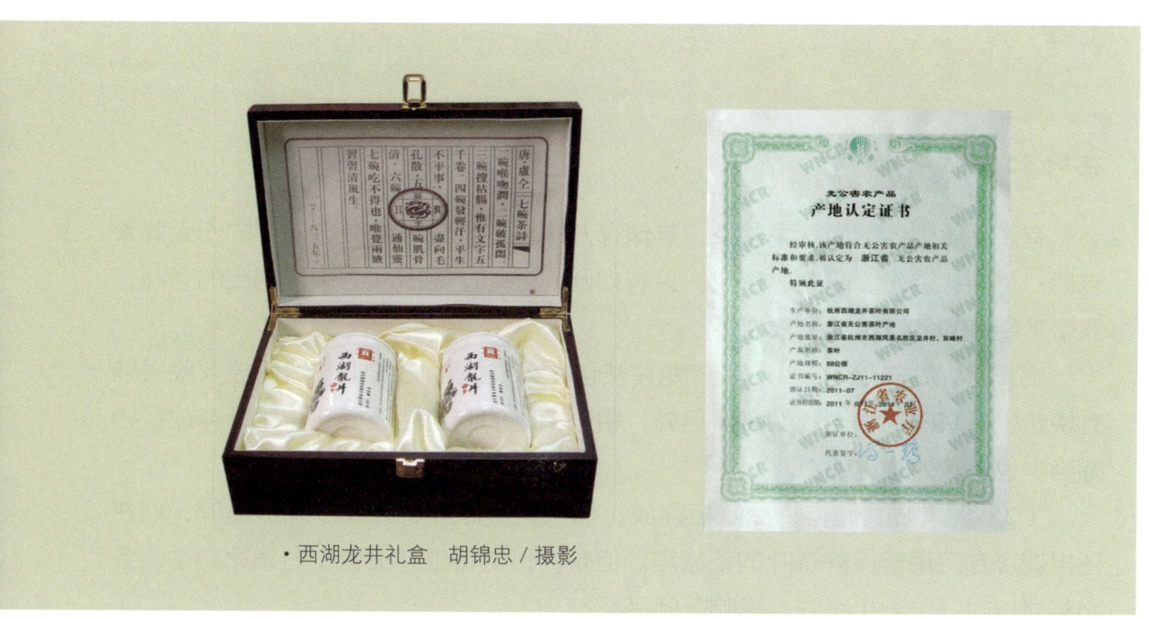

·西湖龙井礼盒 胡锦忠／摄影

杭州西湖龙井茶叶有限公司实施“公司+基地+农户”经营模式，采取茶园进药、病虫灾情测报、技术指导、用药安全间隔期、施肥和协调周围生态环境“六统一”，以及产品标准、检验、包装、品牌和法人主体“五统一”的管理措施，建立从茶园到茶杯全程质量安全可控制追溯体系。公司现有西湖龙井茶基地88公顷，包括龙井村、双峰村等，2003年被浙江省农业厅评为“无公害示范基地”，2008年被杭州市人民政府评为“市十佳农产品加工企业”，2009年被评为“浙江省龙井茶标准化种植示范区”。

三十年风雨历程，三十载春华秋实。如今的“贡”牌西湖龙井茶已连续6次被评为“浙江省著名商标”，连续5次被浙江省人民政府命名为“农业名牌产品”，7次被评为“浙江省市民十大喜爱农产品”。2006年，“贡”牌西湖龙井茶获得农业部首届“中国名牌农产品”称号。2009年被浙江省农业厅授予“特别荣誉名茶”。2010年，“贡”牌西湖龙井茶作为绿茶代表入驻上海世博会，并被指定为世博会联合国馆专用茶。2011年，“贡”牌商标被国家工商行政管理总局认定为中国驰名商标。2012年，“贡”牌西湖龙井茶被评为“最受欢迎的长三角城市旅游礼茶品牌”。

纵览近30年的品牌建设，“贡”牌西湖龙井茶先后荣获国家、省部、市级金奖等荣誉称号近100项，无疑是中国茶行业品牌中绚丽、耀眼的一朵奇葩。

茶叶贮存

有了品质颇佳的西湖龙井茶，其储存方法自然也分外讲究。储存的四大要素包括：干燥、避光、阴凉、密封。只有如此，才能使短时间内未能喝完的茶叶，保留其原有的品质特征不改变。

（1）传统方式储存：一般将龙井茶包在布袋或牛皮纸中，然后放入底层铺有块状生石灰的缸中密封储藏。另外，由于锡罐的密封性较好，将茶叶存放在锡罐当中也是较为常见的。

（2）现代方式储存：冷藏柜存放、抽气充氮保鲜、硅胶干燥保鲜等，现在还出现了专门用于保鲜茶叶的茶冰箱。但是，日常将茶叶放置于普通冰箱中，务必将封口封好，防止串味，影响茶叶品质。

茶叶冲饮

“虎跑泉，龙井茶”就是大名鼎鼎的“西湖双绝”。用虎跑的山泉之水冲泡西湖龙井茶是最合适不过的了。由于西湖龙井茶原料细嫩，冲泡时，取一玻璃杯，先将85~90℃的沸水冲入洗净的茶杯里进行洗涤（也叫涤器），倒尽水后投入茶叶（投茶），再冲入85~90℃的沸水（冲泡）。稍许，只见朵朵茶芽袅袅浮起，一旗一枪，交错相映，好比出水芙蓉，俏嫩可人。茶汤碧绿，香气清高，滋味甘醇，实乃茶之神品。

当然，真正喝一杯龙井茶时，请先沉心静气，去观一观干茶的扁平挺直、糙米色，赏一赏杯中茶芽的叶似彩旗、芽形若枪，闻一闻茶香四溢的豆花儿香气，品一品茶汤滋味的甘甜鲜爽。

西湖龙井茶宜细品慢啜，非下工夫不能领略其香气和滋味特点，品饮欣赏，只觉齿颊留芳、沁人肺腑。西湖龙井茶不仅能提神、生津止渴，还具抗氧化、抗菌、抗药物过敏、抗异变、抗肿瘤，降低血液中的中性脂肪、胆固醇及低密度脂蛋白含量，抑制血压上升和血小板凝集等功效。清代茶人陆次之曾赞叹道：“龙井茶，真者甘香而不洌，啜之淡然，似乎无味，饮过之后，觉有一种太和之气，弥沦于齿颊之间，此无味之味，乃至味也。为益于人不浅，故能疗疾，其贵如珍，不可多得。”

· 虎跑试泉　中国茶叶博物馆 / 供图

产品概况
产 品 名 称:洞庭(山)碧螺春茶
国家公告号:国家质量监督检验检疫总局2002年第127号
保 护 范 围:江苏省苏州市吴中区东山镇和金庭镇现辖行政区域

洞庭（山）碧螺春茶

洞庭山碧螺春茶常被称为天下第一茶。以其形美、色艳、香浓、味醇『四绝』闻名于中外。炒成后的干茶条索紧结，白毫显露，色泽银绿，翠碧诱人，卷曲成螺，故名『碧螺春』。其茶汤碧绿清澈、鲜艳耀人，叶底嫩绿亮丽，在清清的茶香中透着浓郁的花香；使人百饮不厌，回味无穷。有人总结道：头酌色淡、幽香、鲜雅；二酌翠绿、芬芳、味醇；三酌碧清、香郁、回甘。

地理环境

洞庭半岛的慷慨　太湖母亲的馈赠

太湖三万六千顷，烟波浩渺，是我国第三大淡水湖泊。在太湖东岸绵延起伏的群山中，苏州洞庭东、西山像两颗璀璨的明珠散落在万顷碧水之边。如果说，太湖是吴地百姓的母亲湖，那么，吴中太湖洞庭东西山盛产的碧螺春，就是太湖母亲馈赠给太湖儿女最珍贵的灵物。集太湖山的灵秀和水的柔美于一身的碧螺春，是人世间难得的佳茗，更是太湖山水造化的精灵。被誉为“天下第一茶”。

洞庭山位于苏州西部丘陵山区，洞庭东山系太湖半岛，洞庭西山是四面环水的全岛。山岭大部分由五通系石英砂岩和紫色云母砂岩及小部分中生代石灰岩组成。经长期侵蚀，山丘外貌圆浑，其周围地面下降为湖湾，再经坡积物、湖积物填充而成谷地，俗称山坞。洞庭山土壤是由山丘岩石风化残积物发育的土壤，为地带性自然黄棕壤，山坞和山间开阔平地为耕型黄棕壤。土壤中有机质、磷含量较高，pH4～6。茶树主要分布在山坞及山麓缓坡中。

茶吸果香 花窨茶味

洞庭山植物种类丰富，生长繁密。有松树、杉木、白栎、冬青、麻栎及人工营造的银杏、枇杷、杨梅、板栗、柑橘、桃、梅、石榴等十多种果树。茶树栽培于果树、林木中，林木覆盖率在80%以上。以茶为主，在茶园中嵌种果树，是碧螺春茶最具特色的栽培方式。

在苏州太湖洞庭东、西山依山傍水的果园里，茶树与枇杷、板栗等果木交错种植，早春的太湖，雨量充沛，云雾缭绕，茶树在这个季节里变绿发芽，果园里花儿开了，氤氲的香味浸透了茶树的每一根纤维。这里得天独厚的地理小环境，造就了洞庭（山）碧螺春超凡脱俗的品质，也就有了“茶中仙子”的美誉。我国著名茶叶专家浙江农业大学张晚芳教授曾赞：“碧螺春，有花香果味的天然品质，香鲜浓，味鲜醇，色鲜艳，被人们誉为名茶珍品”。

精种细采出好茶

初春时分，放眼洞庭东西山，只见一片片浓荫如盖的果树，覆盖着一行行碧绿苍翠的茶蓬，与茶树相依相伴的桃树、银杏、枇杷、杨梅、石榴、柑橘等

十多种果树，前呼后拥呵护着冰清玉洁的碧螺春。这有别于其他任何一种名茶的奇异而独特的栽培技艺，孕育出碧螺春花香果味的天然禀赋，更熏陶出碧螺春“形美、色艳、香浓、味醇”的玉女般的气质，也使洞庭山茶树的鲜叶有着优异的生化成分。经中国农业科学院茶叶研究所测定，其一芽二叶的鲜叶的成分中氨基酸、咖啡因的生化指标明显高于其他绿茶，因而制成的绿茶味道鲜醇、品质优异。

天蒙蒙亮，采茶的姑娘就开始忙碌起来，她们要在太阳未把露水晒干时把茶鲜叶采好。每年春分前后开采，谷雨前后结束，以春分至清明采制的明前茶最为名贵。碧螺春的鲜叶摘得早，采得嫩，拣得净，细嫩的芽叶含有丰富的氨基酸和茶多酚。炒制500克特级碧螺春约需采6.8万~7.5万颗芽头，可见茶叶之幼嫩，采摘功夫之深非同一般。为保持芽叶匀整一致，采回的芽叶须进行精心拣剔。拣剔1千克芽叶，通常需费工2~4小时。

炒茶是一项技术性很强的、也是最关键的工艺活。看能手炒茶，就像欣赏一幅早春炒茶图，“手不离茶，茶不离锅，揉中带炒，炒中有揉，炒揉结合，连续操作，起锅即成”。这样让人眼花缭乱的连续操作却包含了四道工序。杀青、揉捻、搓团显毫、烘干，劳作之美让人惊叹。其中搓团显毫是我国绿茶中的一项独创，故常被人们称为“天下第一茶”和“功夫茶”。那水灵灵的采茶姑娘、艰辛操作的拣茶女子和铁骨铮铮的炒茶汉子成就了茶的苦涩和甘甜，而人生的酸甜也就在一杯茶中了。

· 采茶姑娘

·拣茶

银绿隐翠　绿满晶宫

经采、拣、炒三道工艺精制而成的碧螺春茶外形条索纤细、卷曲呈螺、茸毛隐覆、银绿隐翠；汤色碧绿，清香高雅、入口爽甜、回味无穷。本地茶农用“满身毛、铜丝条、蜜蜂腿”来形容碧螺春茶的外形特征。碧螺春成品茶由白毫遮掩，茸毛紧贴茶叶，按照遮掩程度来区分碧螺春茶的优次；其茶条索细紧重实，冲泡时迅速下沉，不浮在水面；其形态又似蜜蜂的腿，这也是区分真假碧螺春和加工技术好坏的重要特征之一。

碧螺春茶的内质特征也通常形容为“一嫩三鲜”。“一嫩”是芽叶特别细嫩，芽大叶小，芽叶尚未展开。“三鲜”是指茶叶的色、香、味。碧螺春茶不但外形色泽银绿隐翠、光彩夺目，而且茶汤碧绿清澈、鲜艳耀人，叶底嫩绿亮丽。其茶的香气，在清清的茶香中透着浓郁的花香，使人迷恋和陶醉，鲜爽茶味之中另有一种甜蜜的果味，使人百饮不厌，回味无穷。

碧螺之韵在于品 三酌其香沁心脾

从最初采摘焙制新茶的喜悦，进入把盏品茗的期待，这是人与茶和美互动的最高境界。掬一匙新茶，置入降至80℃的开水中，只见那一抹抹新绿如仙子般曼曼娜娜，轻轻徐徐，悠悠落底，少顷，又见新茶在杯中悄悄伸展，绿意盎然间，透明的玻璃杯像是盛满了春天的气息，雅雅的香气袅袅袭来，那是怎样的一种香啊，最早的采茶人说是“吓煞人香”，后来的文人雅士说是“碧螺春香百里醉”。“扁舟重品碧螺春”，这是大戏剧家田汉的殷殷期待，“舌端似放妙莲花”，这是现代作家周瘦鹃的深切感受。清代大诗人龚自珍干脆明明白白地告诫世人“茶以洞庭山之碧螺春为天下第一”，一位外国诗人说得更为浪漫“从清香的碧螺春茶汤里，我看到了中国江南明媚的春色”。

眼福还不够，吃福才是真。轻轻啜一口，交汇的茶香果香沁人心肺，让人神清气爽，仿佛置身于洞庭东西山的茶园果圃之中，领略那“入山无处不飞翠，碧螺春香百里醉”的意境。

文化背景

碧螺春茶 吓煞人香

《中国农业百科全书·茶业卷》洞庭碧螺春的条目中记载：洞庭碧螺春是卷曲形炒青绿茶之一，产于江苏省太湖洞庭山。约在一千年以前宋代，这里已是著名茶叶产地。这里气候温和，土壤肥沃，山水相依，云雾缭绕，茶树与果木交错种植，茶树长年受太湖雾气滋润，饱吸四季花果之香，孕育了碧螺春超凡脱俗的高雅品质，被称为“茶中仙子”。

关于碧螺春的前世后生，说法颇多，相传不一。据清代《野史大观》记载：洞庭东山碧螺石壁，有野茶数棵，少女上山采摘，置于怀中，茶得体温，异香突发，采茶者惊诧：吓煞人香！在清代《太湖备考》中有老茶农朱元正创制碧螺春的故事，在东山民间有“仙鹤传种”“吓煞人香”的传说，在西山镇流传有碧螺庵姑娘制茶的神话。

清代《柳南随笔》记载：1699年，即康熙三十八年春，康熙皇帝南巡太湖，品得此茶，龙颜大悦，问及茶名，近臣禀告“吓煞人香”，康熙觉得此名不雅，即以此茶色泽碧绿，卷曲似螺，又采于早春，遂赐名“碧螺春”，碧螺春从此名扬天下。直到现在，碧螺春还是国家领导人招待和馈赠国外贵宾的“国茶”，并远销美国、日本、德国、马来西亚、港澳台等国家和地区。

文化积淀

入山无处不飞翠　碧螺春香百里醉

漫长的历史和悠久的吴文化又给碧螺春茶留下许多美丽的传说故事、诗词散文、评弹开篇及民族歌舞。清朝以后，碧螺春声名鹊起，饮者评论它“色香味不减龙井，而鲜嫩过之”；专家则说：“茶以碧萝（螺）春为上，不易得”。①②

①《辞海》（上海辞书出版社出版1979年版）第3767页描述：碧螺春也叫“碧萝春”。成品绿茶之一。原产江苏洞庭山碧萝峰。叶片经加工后成螺状卷曲，茸毛显露，色泽青翠、光润，具清香。茶汤清澈鲜绿。

②《现代汉语词典》（商务印书馆出版1978版）第59页描述：碧螺春绿茶的一种，色泽青翠，蜷曲呈螺状，原产于太湖洞庭山。也作碧萝春。

诗人们对此茶也是交口赞誉，清《野史大观》卷一有一首诗称道：“从来隽物有嘉名，物以名传愈自珍。梅盛每称香雪海，茶尖争说碧螺春。”

江苏著名作家艾煊的散文《碧螺春汛》描写了太湖之滨的洞庭山瑰丽景色及制茶盛景。在历史上还有不少苏州籍的茶叶书籍作者，如宋代的丁渭写了《北苑茶录》，明代的张谦德写了《茶经》，明代张源是洞庭西山人，写了《茶录》。

近年来，苏州电视台在洞庭东西山镇摄录了采茶歌舞片，苏州评弹团创作了“碧螺春”开篇，为碧螺春茶增添了重墨浓彩。如今，碧螺春茶保护区东西山，每到采茶季节，春意盎然，满山苍翠，茶香百里，真有“入山无处不飞翠，碧螺春香百里醉”的意境。

品牌建设

碧螺春茶的发展

近代历史上，碧螺春茶于1911年南洋劝业协会荣获优等奖，1925年巴拿马赛会获金奖，在1954年新中国初登国际舞台的日内瓦会议上，周总理用碧螺春招待国际友人，赢得满堂赞美。1958年被商业部定名全国十大名茶之一。我们敬爱的周总理生前曾经两次把碧螺春带向世界：一次是1954年周恩来总理参加日内瓦会议用碧螺春招待贵宾；另一次是1972年，中美“上海公报”签订之后，周总理把碧螺春作为国礼赠给美国国务卿亨利・基辛格。

2002年12月9日，国家质检总局批准苏州吴中洞庭（山）碧螺春茶地理标志产品保护。经过多年的精心运作和有效监管，产区政府不断优化提升茶园生态环境，确保了碧螺春茶的安全卫生和品质水平。自2003年起，质监部门在制定《洞庭（山）碧螺春茶》国家标准和完善《茶园建设》《茶园管理》《采制技术》省级地方标准的同时，引进了二维条码防伪保真技术系统，对碧螺春茶生产、销售、消费实现全过程的跟踪监管；农林部门对碧螺春树种正本清源，建成了洞庭地方优良群体种茶树种质资源圃；工商部门积极引导茶叶企业组建合作社，实施多元化经营，有力促进了茶产业的高质量、高速度的发展。

“玉品、碧螺、吴侬……”一批知名品牌在快速成长，从2008年开始，“吴侬”牌碧螺春又成为极地考察队员的特供产品，登上“雪龙”号远赴南北极，2010年5月，碧螺春又作为上海世博会特许商品登上国际舞台，向来自世界各地的7000多万朋友传播友谊与文明。现在，三万昌、玉品、吴侬、碧螺、庭山、古涵、咏萌等品牌在茶客的口中如数家珍，成为人们心中优秀的碧螺春品牌。

碧螺春文化

2002年始，区政府先后通过举办炒茶能手擂台赛、“碧螺姑娘”评选、碧螺春茶拍卖会和一年一度的“中国苏州洞庭（山）茶文化旅游节”等活动，以茶为媒，以节造势，带动了茶经济与旅游经济的联动发展。2007年3月18日，吴中区与中央电视台《同一首歌》节目联合，举办了“走进苏州吴中·相约碧螺春之乡”专场，依托《同一首歌》舞台，将太湖洞庭（山）碧螺春茶推向海内外，向世界展示了“山水苏州、人文吴中”的特色品牌形象。

茶文化是物质和精神的结合体。为配合和适应碧螺春产业的不断发展，吴中区还将建设洞庭（山）碧螺春茶叶博物馆、茶叶研究所、博士后工作站等产业配套来满足和推动整个产业更好的发展。现在，在洞庭东山太湖沿岸每3千米就有一座休闲茶坊。东山的绿化西坞、槎湾藏船坞，西山的涵村坞、包山坞等已经有了碧螺春观光茶园。饮天地琼浆，赏太湖美景，已经成为了现代都市人度假休闲的生活方式。

洞庭（山）碧螺春不仅是一种商品，更是一种文化的载体，她自然而实在，细致而清雅，一如苏州人对生活的态度。她是吴文化的精髓，也是苏州吴中的又一张名片。

碧螺春的品饮

碧螺春属于名优绿茶类，采用果木与茶树间作的方式，茶吸果香，花窨茶味，孕育了碧螺春茶花香果味的天然品质。因碧螺春茶叶极其细嫩，冲泡采用上投法（先冲后放），采用透明玻璃杯，先加入80℃左右的开水，然后放入茶叶，当碧螺春投入杯中，茶即沉底，瞬间有“白云翻滚，雪花飞舞，清香袭人”的情景。茶在杯中，观其形，可欣赏到犹如雪浪喷珠，春染杯底，绿满晶宫的三种奇观。饮其味，头酌色淡、幽香、鲜雅；二酌翠绿、芬芳、味醇；三酌碧清、香郁、回甘，真是其贵如珍，使人心旷神怡，不可多得。

碧螺春茶的真假鉴别

在分辨真假碧螺春时，一定要冲泡后通过尝滋味才能辨别，洞庭山碧螺春有很明显很顺口的花果香味，而其他地方的茶最好也只有清香，其次还应从以下两点加以区别：

看外观色泽 洞庭山碧螺春色泽比较柔和鲜艳，加上色素的假碧螺春看上去颜色发绿发暗，绒毛也多是绿色的，而真的碧螺春应是满身白毫，呈白色的小绒毛，很好区别。

看茶汤色泽 正宗碧螺春用开水冲泡后，颜色看上去比较柔亮、鲜艳，而市场上不良商家企业的“翻新茶”或“混掺茶”，看上去比较暗黄，像陈茶的颜色一样。

· 碧螺虾仁

本产品图片均由苏州市吴中区市场监督管理局提供

产品概况
产品名称：六安瓜片
国家公告号：国家质量监督检验检疫总局2007年第222号
保护范围：安徽省六安市裕安区石婆店镇、石板冲乡、独山镇、西河口乡、青山乡，金寨县响洪甸镇、青山镇、燕子河镇、响齐办、天堂寨镇、古碑镇、张冲乡、油坊店乡、长岭乡、槐树湾乡、张畈乡，霍山县佛子岭镇、黑石渡镇、诸佛庵镇、磨子潭镇、漫水河镇、太阳乡、大化坪镇，金安区毛坦厂镇、东河口镇、舒城县晓天镇5个区县26个乡镇现辖行政区域

六安瓜片

在当今世界所有茶叶中，有一种茶，外观单片顺直、背卷平展，色泽宝绿、匀润起霜、形似瓜子、不带芽梗；汤色嫩绿、清澈明亮；清香馥郁、高长持久、沁人心脾；滋味鲜爽浓醇、清凉甘甜；叶底嫩绿鲜活、匀整透亮。每逢谷雨时节前后十天之内采摘，取一芽一叶，求『壮』不求『嫩』。这就是有着『中国十大名茶』之一美誉的六安瓜片。

云以山为体　山以云为衣

“天下名山，必产灵草。江南地暖，故独宜茶。大江以北，则称六安”。这是明代茶学家许次纾著《茶疏》开卷的第一段话。这里“六安”是指地处安徽省西部地区、大别山北麓的六安市，俗称“皖西”。公元前121年，汉武帝取“六地平安，永不反叛”之意，置此地为六安国，“六安”之名沿袭至今。六安茶叶生产区就位于大别山腹地，海拔300～800米，此处植被丰厚，烟雾缭绕，层峦叠嶂，山清水秀。气候属亚热带向暖温带转换的过渡带，适合茶树喜阴、喜湿特性。自古就是我国名茶产地之一。

茶叶产区降水量1109.2毫米，雨水充沛，适合茶树喜阴、喜湿特性，保证了茶树生长旺盛，促进了儿茶素、氨基酸的合成。无霜期234天，全年雾日181天，散射光多；年平均日照时数1981小时，光资源丰富；年平均气温16.0℃，大于等于10℃有效积温2831.9℃，夏季温凉，有利于茶树生长和氨基酸等养分的合成积累，使茶叶具有叶片肥厚、色泽嫩绿、香高味爽等特点。

茶叶产区土壤类型为黄棕壤，pH5.0～6.5，有机质含量高，水热条件好，平均气温高于土温，土壤冻期不长，结冻不深，土温冷热适中，通透性好，利于茶树根系生长发育，促进茶树生长旺盛。新叶中有效成分含量高，制成的六安瓜片茶滋味浓厚鲜爽，香气高长持久。

· 野生茶园

文化背景

齐山顶上蝙蝠洞　香飘大地誉南北

六安瓜片核心产区在安徽金寨齐头山方圆几十千米范围内，以第一原产地海拔804米的齐头山蝙蝠洞洞口所产为最佳。蝙蝠洞在齐头山南坡，因大量蝙蝠栖居而得名。据庄维之、熊海琴等多次实地考察后记述，蝙蝠洞位于离山顶不远的悬崖峭壁上，洞口距地面约10～15米，攀登十分惊险，洞深3米多，能容数人。洞内左侧，自上而下有一巨大石缝，与地面呈75°左右倾斜，深不可测。蝙蝠栖居石缝深处，白天很难见到，但静坐洞中却不时能听到暗处蝙蝠飞动之呼呼声，如风似涛。洞口有荒野茶一丛，小树两株。洞口下绝壁石罅里生长许多荒野茶树，长势旺盛，叶片呈椭圆型，叶色深绿，叶面隆起。

陈椽主编的《中国名茶研究选集》一书中，庄维之撰文云：六安瓜片长期处于单家独户的手工生产，与千家万户的生活发生着密切的联系。人们喜爱它、培育它、赞美它。在产区流传着许多富有神话色彩的美好传说。例如，有人绘声绘色地介绍到：有年茶春，一群妇女结伴上齐头山采茶。其中一人在蝙蝠洞附近发现一株大茶树，枝叶茂密，新芽肥壮，她忘记了同伴，动手就采。奇妙的是新

芽边采边发，越采越多，直到天黑，还是新芽满树。次日一早，她又攀藤附葛而来，但走进一看，茶树赫然不见，于是有“神茶”的美谈。又有人说，长工胡林，一次路过齐头山采茶见新芽竞发，遂采了一把放于兜中。下山时在一家茶棚歇脚，因行路口渴，将兜中茶叶冲泡而饮。碗盖揭开，但见九蓬清烟，冉冉升起，且满屋清香，经久不散，遂有“云雾茶”之说。

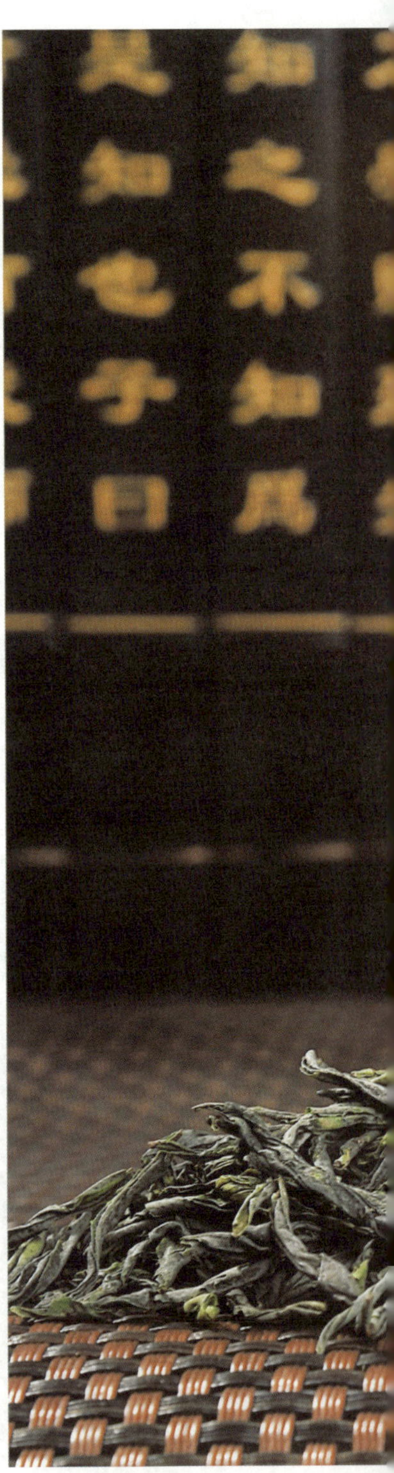

六安瓜片制作工艺独特，不同于其他绿茶。在六安瓜片制作过程中的“拉老火”工艺要求两位精通技术的壮汉抬着一副装满茶的特制烘篮，在特制的木炭上不断烘烤，炭火猛烈，火苗盈尺，抬篮走烘，一罩即提；经常需要两三副烘篮交替进行，一抬一步，边烘边翻，节奏紧扣，配合默契，如跳古典舞蹈，次数在80次以上，直到茶叶起霜有润、清香扑鼻才算完成，形成特殊的色、香、味、形。此谓名副其实的“火攻”，为中国制茶技术一绝。

由于六安瓜片色、香、味、形俱全俱佳，因而香飘北京、天津、上海等城市和长江、淮河流域各省，成为誉满神州，蜚声大江南北的名牌茶叶。

文化积淀

六安“瓜片”的贵族血统

作为六安瓜片前身的“六安茶”，具有悠久的历史底蕴和丰厚的文化内涵，其悠久历史可上溯秦汉时期。汉献帝建安年间，茶叶就四川经陕西、河南转入，六安瓜片最初是从元朝“茶叶”演变而来的。早在唐代《茶经》就有“庐州六安茶”之称；唐裴汶《茶述》载：“明代天下产茶以数百，致贡者仅十余

处，而上贡专用六安，谓寿阳居次，恐亦非定论也”。大诗人李白有“扬子江中水，齐山顶上茶”的诗句。

明代以前，六安茶就作为贡茶进献宫廷，且享有很高的声誉。据《六安州志》记载：“天下产茶州县数十，惟六安茶为宫廷常进之名品”。《广群芳谱》记载：“寿州，霍山黄芽，六安州小岘春，皆茶之极品”。据以描写，黄芽和小岘春形状如片甲、叶软薄如蝉翼。六安瓜片可能就是黄芽、小岘春演变而来的。宋仁宗嘉祐六年，全国共有13个茶场，六安就有4个，收茶量占全国的1/3。明詹景凤在《明辨类函·食法》中云：“四方名茶，江北则庐州之六安”。明代李东阳、萧显、李士实三位名士联手创作七律诗《咏六安茶》，曰：“七碗清风自六安”“陆羽旧经遗上品”，予六安茶以很高的评价。

清代是六安茶的鼎盛时期，六安成为国内最大的内销茶产地，以“六安瓜片”为代表的一批系列名茶相继问世，远销京都至海外。清代李光庭用“金粉装修门面华，徽商竞货六安茶”来形容当时京都茶叶市场。“六安瓜片”在清代被列为“贡品”，慈禧太后当年生下同治帝后，咸丰帝闻知，喜不自胜，便立即谕告封为“懿妃”，从此她在宫廷的生活待遇提升一级。于是，慈禧每月可获奉“齐山云雾”瓜片茶14两，可见六安瓜片珍贵不菲。清代大文学家曹雪芹在《红楼梦》中竟有80多处提及六安茶，特别是“妙玉品茶（六安瓜片）”一段，读来令人心向往之。

近代著名作家梁实秋《喝茶》一文记载："有朋友自六安来，以我瓜片少许，叶大而绿，饮之者有荒野气息扑鼻"。现代最有名望的中国茶叶专家王泽农《满庭芳二阕》有："更喜齐山密林，巍崖下，婉转溪流，得天厚，六安瓜片，甘香润吻喉"的记述。

品牌建设

几度沉浮非遗瓜片茶　重振雄风名品传天下

六安瓜片是我国绿茶中的一朵奇葩，其色、香、味、形的品质风格在诸多名茶中别具一格。但六安瓜片的生产具有一定的历史性、区域性。20世纪80年代初期，由于加工方式落后，组织化程度低，缺乏标准化规模茶园，再加上宣传力度不够，使得六安瓜片面临退市的境地。自21世纪以后，六安市依托资源优势，实施品牌战略，通过实行统一制作工艺、统一机械造型、统一鲜叶标准、统一品牌、统一包装、统一宣传，严把质量关，使历史名茶六安瓜片逐渐得到振兴恢复。六安市先后出现了省级龙头企业——安徽省六安瓜片茶业股份有限公司、安徽一笑堂茶业有限公司等几十家以六安瓜片开发为主的龙头企业。"抓住商机，

重振六安瓜片之雄风”是“徽六”“一笑堂”茶人的目标。他们抓住机遇，多管齐下，始终将目光凝聚在品牌塑造上，通过与农民相互合作建设基地，改造低产茶园，优化品种资源配置，推广机械化耕作和采摘技术，推进产业化步伐，改进加工环境、设备、工艺流程等，提升了六安瓜片质量安全标准和市场竞争力，刺激了茶农种茶积极性，使茶农的收入翻番。在多家龙头茶叶公司合作下，六安瓜片茶获得地理标志产品保护和“中华老字号”称号。“徽六”“一笑堂”又在电视台等媒体宣传推广六安瓜片，使六安瓜片的知名度和美誉度越来越高，在历年的名茶评比中，稳居中国十大名茶之列。“徽六”“一笑堂”“蝙蝠洞”“齐头山”等六安瓜片品牌商标享誉全国。2005年，“徽六”牌六安瓜片获得“中国驰名商标”称号。

自2001年六安市委、市政府成功举办第一届六安瓜片茶文化节以来，后每年举办一届。通过办节的方式扩大了六安瓜片的影响力，促进了六安瓜片的销售。目前，全市界定六安瓜片生产基地10万亩，产量2000吨，产值达8亿元，其中核心基地6万亩，年产特一、特二级以上六安瓜片1000多吨，产值5亿多元。现有六安瓜片加工企业40多个，全市拥有销售六安瓜片初级市场近50个，集散地30多处，在芜湖、合肥、上海、南京、天津、北京等大中城市均设有六安瓜片专营窗口，并且远销欧美、日本、东南亚等国家和地区。在国内外名优茶评比中，六安瓜片也多次获得大奖。

独特的生长环境、独特的外形、独特的制作工艺，铸就了品质一流、独具魅力的六安瓜片。它是六安人民宝贵的历史文化遗产，也是一份得天独厚的生态资源。如今，六安瓜片正洋洋洒洒，绿韵飘香，走向全国，走向世界，走进千家万户。

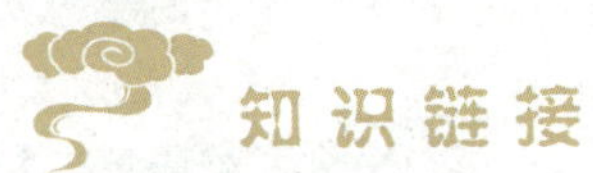

六安瓜片的特点

开面采：采茶要等到“开面”，即新梢长到一芽两三叶时，叶片生长基本成熟，内含物丰富，成茶香味浓。

扳片：要把嫩叶的芽、枝、叶分开。

老嫩分开炒：老嫩叶分开炒，嫩叶老杀，老叶嫩杀。

拉老火：用炭火烘烤，烘顶温度达160～180℃，热浪滚滚，抬上抬下，以火攻茶，直至叶片起白上霜。

六安瓜片的冲泡方法

泡前用开水温杯（壶）后，置入3～5克茶叶，用80～90℃开水冲泡；先倒三分满，半分钟后续水至七分满，雾气结顶，清香扑鼻；盖后1分钟即可闻香、品茶。

产品概况

产 品 名 称：黄山毛峰茶

国家公告号：国家质量监督检验检疫总局2002年第114号

保 护 范 围：黄山市现辖行政区域内屯溪区、黄山区、徽州区、歙县、休宁县、祁门县、黟县的各产茶乡镇

黄山毛峰茶

黄山毛峰茶，始创于清光绪元年，因其白毫披身，芽尖似峰，又产自黄山，故取名『黄山毛峰』。黄山毛峰茶芽长叶厚，肥壮柔嫩，色泽嫩黄。入杯冲泡，雾气结顶，清香似饴。开汤后，芽叶舒展浮沉，变『一旗一枪』之状，古有『轻如蝉翼，嫩似莲心』之美誉。汤色清澈，茶汁醇厚，入口爽滑，为绿茶中之珍品。清新的黄山毛峰，正如君子之交，谦谦尔雅，妙韵横生。那份悠远的淡然和静谧，是人最初的向往，更是一种精神的寄托和心灵的慰藉。

地理环境

五岳归来不看山　黄山归来不看岳

黄山位于安徽省南部，坐落在歙县、黟县、太平、休宁之间，属于传统意义的古徽州地区。地理位置为东经117°02′～118°55′，北纬29°24′～30°24′，其群峰林立，素有“三十六大峰，三十六小峰”之称，呈现出一幅群峰叠嶂、波澜壮阔的立体画面。自古以来，历游名山者多认为黄山之美不亚于五岳。“任他五岳归来客，一见天都也叫奇”。

黄山毛峰茶主产于黄山南麓，现安徽省徽州区富溪乡。此地平均海拔600～800米，气候温暖，冬少严寒，夏无酷热。年平均气温15.5～16.4℃，降水

量1500～1800毫米，空气相对湿度在80%以上，年平均日照时数1674～1876小时，日照百分率39%～45%，无霜期255天左右。这种得天独厚的小气候，是黄山毛峰茶优良品质的保证。

黄山毛峰茶园土壤类型主要为黄棕壤、黄红壤和黄壤等，pH5～6。经现代研究表明，黄山毛峰茶园土壤分化比较完全，石砾较多，土壤通透性好。况且黄山毛峰核心茶园植被丰富，森林覆盖率达90%，植物资源3000多种，自然形成了一层厚厚的地表覆盖层，土壤肥沃质地疏松，保水性强，含有丰富的有机质和磷钾肥，不仅保证了茶树生长发育所需要的各种养分，而且通过繁茂的植被，调节空气质量，改善茶园日照比例，达到茶树生长的适宜条件。“晴时早晚遍地雾，阴雨连天满山云”。独一无二的生态环境孕育出黄山毛峰茶“清、雅、静、和”的独特品质。

·高山茶园

· 摊青

· 杀青

· 揉捻

· 烘焙

文化背景

浮梁歙州　万国来求

茶，是徽州人的生活之境，卷帙浩繁的古籍中从来不乏对徽州茶的记载。徽州产茶，相传起于魏晋，而最早记载始于唐朝。据陆羽《茶经》中对中国茶叶产区的划分，徽州（时称歙州）在当时已成为全国的茶叶生产和贸易的重心。唐代大文豪白居易的《琵琶行》与徽州茶事有着很密切的关系。“门前冷落鞍马稀，老大嫁作商人妇。商人重利轻离别，前月浮梁买茶去。”而“浮梁歙州，万国来求”，也是出自唐代文人王敷所著的《茶酒论》。行文中不仅反映出当时茶叶交易的繁华，更是有“贡王侯宅，奉帝五家”来体现徽州茶叶在当时的社会地位。

明太祖“废团茶，兴散茶”后，徽州茶迎来了发展的高潮，清朝中后期更是徽州茶的鼎盛时期。黄山毛峰茶便出现在这段徽商称雄的历史阶段。相传，黄山毛峰茶的前身是黄山云雾茶。《黄山志》中记载：“莲花庵旁就石隙养茶，多轻香冷韵，冷韵袭人断腭，谓之黄山云雾茶”。这里不仅提到了黄山云雾茶，也同时提到了寺庙与徽州茶的关系。据传谢正安每次试制新茶，都会到黄山的普佑寺，向寺中茶僧请教。在传统云雾茶的工艺技术上，谢正安研传创新，经过“下锅炒（杀青）、轻滚转（手轻揉）、焙生胚（毛火）、盖上圆簸复老烘（足火、显毫）”等工序精心制作，再加上徽州竹料制作的制茶工具，创制出了别具风格的黄山毛峰茶。

黄山毛峰茶初登上海滩，便得名流追捧。清光

·黄山毛峰创始人谢正安

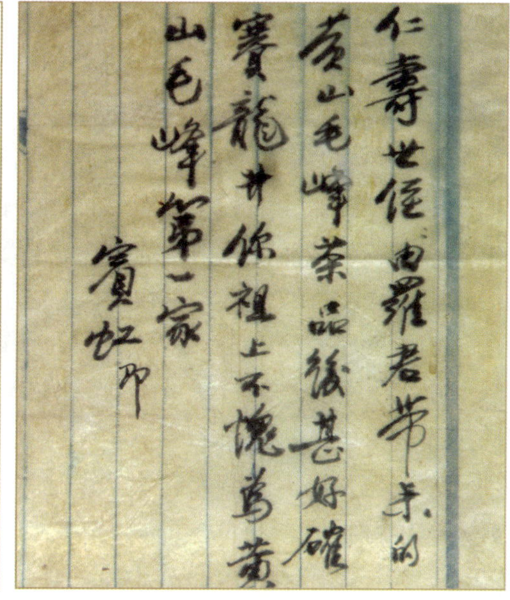

仁壽世侄由羅君帶來的
黄山毛峰茶品後甚好確
賽龍井你祖上不愧為黄
山毛峰第一家
賓虹印

·黄宾虹手稿

绪皇帝品后也大加赞赏，不仅赐封谢正安四品“奉政大夫”，更是将此茶馈赠英国王室，便流传有“名震欧洲四五载”之美誉。到了近现代，黄山毛峰茶多次被选为国礼馈赠外宾，以其“清、静、雅、和”的品质，享有“君子茶”的称谓。

黄山毛峰的小故事

晚清洋务重臣张之洞，因茶与谢正安结缘，更是对徽州人经商的准则表示敬佩，不仅向皇帝举荐谢正安，更是为“谢裕大茶行”题下了“诚招天下客，誉满谢公楼”的楹联。1912年以后，新安画派大师黄宾虹久居江浙，他对黄山毛峰茶大加赞赏，在书信中提及“品后甚好，确赛龙井”，成为一方佳话。

蕴藉一年力　神全在早春

“采茶之候，贵在其时”。而黄山毛峰茶“盖出自名山云雾中，宜其多液而全厚也。但山中多寒，萌发较迟。”因此，每年3月底是黄山毛峰茶最佳的开园时节。黄山毛峰茶的采摘极为讲究，特级黄山毛峰茶的鲜叶采摘时，一般采用“细嫩采”的方法，其采摘标准以一芽一叶、二叶出展的新梢，制成的干茶毫显、量重，有“雀舌莲心”之誉。黄山毛峰茶的制作工艺主要有杀青、做形和烘干。杀青是一道非常重要的工序。鲜叶采摘后下锅翻炒，闻有炒芝麻声响即为温度适中。单手翻炒，手势要轻，翻炒要快，扬得要高，撒得要开，捞得要净。在杀青达到适度时，继续在锅内抓带几下，起到轻揉和理条的作用。揉捻时速度宜慢，压力宜轻，边揉边抖，以保持芽叶完整，白毫显露，色泽绿润。而黄山毛峰茶作为徽茶的代表，不仅体现了对传统徽茶制作技艺的传承，更代表了一种创新。在杀青做形之后，采用足火烘干脱水的方法，既能使得茶叶条索完整，锋毫显露，更是将新茶的清香原汁原味地保留下来。那一缕兰花香，不仅是大自然的馈赠，更是徽州茶人劳动智慧的结晶。

文化积淀

徽学作为中国三大地域文化——徽学、藏学、敦煌学之一，是中华民族优秀传统文化百花园中的一朵奇葩，影响深远。因徽商文化作为徽学中一个重要组成部分，且古徽商以经营“文房四宝”、生漆、林木、茶叶和盐业为主，所以徽州茶文化也是徽学的一个不可或缺的部分。千百年来，徽州茶伴随着徽学慢慢地积淀，无论从史料书籍，还是绘画艺术都有着茶叶的身影。而茶人茶事、吟诗作对更是举不胜举。

孙莲叔赠云雾茶赋榭

清 · 俞樾

浮丘山人旧游处，至今万丈青芙蓉。
天梯石栈缭以曲，非云非雾常濛濛。
朝闻木客啸其上，夜见山精游其中。
人间烟火所不到，云喷雾泄皆神功。
一朝抽出珠琲蕌，石罅青翠如蒲茸。

• 毛峰老茶树

茶丁欲采不得路，导以鹤子从猿公。
缘种縋索仅得上，十人提筐九则空。
由来神物不多有，何怪价与黄金同。
故人赠我满一麓，云花雾叶犹惺忪。
嗟余容积斗许许，如坠五浊神懵懵。
得此月团三百片，快哉两腋来清风。
茶铫手拭翻自愧，近来面目仍吴蒙。

品牌建设

江南地暖　故独宜茶

好山好水好生态，是黄山毛峰茶得以闻名于世的基础。1955年，黄山毛峰茶被评选为中国十大名茶，之后历次国家级评选未曾出局。1986年，黄山毛峰

·黄山毛峰传承人谢一平

茶被外交部指定为外宾招待用茶。2008年，黄山毛峰茶被评为“国家级非物质文化遗产”。近十几年来，黄山毛峰茶得到当地政府的重视和保护，得以长足的发展，不仅铸就了“谢裕大”这块百年“金字招牌”，更是创造了“光明”“紫霞”等优质的龙头企业和品牌。

“谢裕大”跨越三个世纪的发展，现已成为中国茶叶领军品牌之一，并且是国礼茶制作单位之一。“谢裕大”公司注重茶园基地管理建设，拥有先进的黄山毛峰生产基地和流水线，率先获得雨林联盟认证，打造可持续发展的绿色生态茶园。为了保证茶叶品质的稳定，“谢裕大”只采用核心产区签约农户供应的鲜叶，自主加工。每年新茶刚刚采下，第一时间就运输到不远处的加工基地。采摘和生产的无缝对接，正是黄山毛峰好茶的源头保证。

“谢裕大”不仅注重茶叶的品质把控，同时也大力发展品牌建设。2007年，“谢裕大”自主建设全国首家黄山毛峰茶叶博物馆，年接待游客近20万人次。2010年，“谢裕大”黄山毛峰茶荣获“中华老字号”。2012年，“谢裕大”黄山毛峰茶被评选为“中国驰名商标”。目前，“谢裕大”拥有直营店30余家，加盟店200多家，将黄山毛峰茶乃至徽州茶叶推广至全国。

· 谢裕大茶叶博物馆内景

黄山毛峰茶的冲泡

黄山毛峰茶的冲泡，一般只要备具、备茶、备水，经沸水冲泡即可饮用。

但要把黄山毛峰茶固有的色、香、味充分发挥出来，冲泡得好，也非易事，要根据黄山毛峰茶级别的不同，应用不同的方法才能达到。

黄山毛峰茶的冲泡，要求茶具洁净，通常用透明度好的玻璃杯（壶）、白色瓷杯或瓷碗冲泡，便于衬托碧绿的茶汤和茶叶。尤以玻璃杯为佳，玻璃茶具素以质地透明、光泽夺目、外形美观、形态各异而受人青睐。黄山毛峰茶，用玻璃茶杯（或玻璃茶壶）冲泡，茶汤的色泽鲜活，叶芽朵朵在冲泡过程中上下浮动，叶片逐渐舒展，亭亭玉立，一目了然，可以说是一种动态的艺术欣赏，别有风趣。

沏茶时，不能用100℃的沸水冲泡，一般开水开后冷却到80~85℃为宜，因为黄山毛峰茶的叶绿素在过高的温度下易被破坏变黄，同时茶叶中的茶多酚类物质也会在高温下氧化，使茶汤很快变黄，芳香物质在高温下也会挥发散失，使茶汤失香减味。

茶与水的比例要恰当，通常茶与水之比以1：50~1：60为宜，这样冲泡出来的茶汤浓淡适中、口感鲜醇。

冲泡的手法很有讲究，要求手持水壶往茶杯中注水，采用“凤凰三点头”的手势，使注入的热水冲动茶叶，上下浮动，茶汁也易泡出。

本产品图片均由汪奔拍摄

产品概况

产 品 名 称：太平猴魁茶

国家公告号：国家质量监督检验检疫总局2003年第49号

保 护 范 围：安徽省黄山市黄山区（原太平县）现辖行政区域

太平猴魁茶

太平猴魁茶，色、香、味、形别具一格，『刀枪云集，龙飞凤舞』，素有『绿金王子』美誉。外形扁展挺拔，魁伟壮实，两叶抱芽，不散、不翘、不弯曲；色泽苍绿匀润，毫多不显，部分主脉暗红，侧脉隐红，俗称『红丝线』。冲泡后，芽叶缓慢舒展，竖立成朵，叶底嫩黄绿匀亮；汤色嫩绿明亮，香气宛如兰花，鲜灵高爽；滋味鲜爽醇厚，回味甘甜持久，独具『猴韵』。品饮时能领略到『头泡香高，二泡味浓，三泡、四泡幽香犹存』。简言，太平猴魁具『两叶抱芽、扁平挺直、魁伟重实、色泽苍绿、兰香高爽、滋味甘醇』的品质特征。

地理环境

黄山区位于安徽省南端，地理位置为东经117°50′~118°21′，北纬30°00′~30°32′。黄山区集造物之精华，山水醉人，拥有世界自然与文化双遗产、世界地质公园、国家AAAAA级旅游景区等多项桂冠的世界名山——黄山坐落于南；享有“黄山情侣、江南翡翠、东方日内瓦”等美誉的太平湖静卧于北。

黄山区是全国名优绿茶优势区域、全国重点产茶县、最具品牌影响力重点产茶县（区）、中国名茶之乡、中国十大名茶——太平猴魁茶原产地。

宝地栽培　妙绝品种

太平猴魁茶独产于黄山区，地处北纬30°茶树生长“黄金线”正中，地貌为“八山一水半分田，半分道路和庄园”。黄山区属北亚热带季风湿润气候区，气候温和，雨水充沛，日照较少，四季分明；年平均气温15~16℃，降水量1556毫

米，年平均日照时数为1750小时；森林覆盖率达79％，“绿”是这里的标志和骄傲；土壤母质主要为千枚岩、花岗岩风化物，以乌沙壤、黄沙壤为主，土层深厚，有机质含量高，并富含茶叶生长所必需的微量元素。

太平猴魁茶主产区更具独特小气候环境。一有黄山高大山体为屏障，形成局地环流，降温增湿；二是茶园海拔较高，有利于气温调节，云雾缭绕；三因茶园多朝北偏东，改变日光辐射，减少热的接收量，生态气象协调；四靠宽阔的太平湖水域，常年雾气蒸腾，大水体效应显著。

太平猴魁茶园多位于海拔300～800米的中低山带，森林覆盖率高达90％以上，主要树种为常绿阔叶林、竹林等。优良的地方茶树品种——柿大茶，是成就太平猴魁茶品质独特的又一重要因素。柿大茶品种具芽叶肥壮，茸毛多，节间短，叶色深绿，持嫩性强等特点；所制成茶氨基酸、多酚类等有益成分含量高。

山水美、独特的茶树、优越的生态，孕育出茶中奇葩——太平猴魁茶。

· 太平猴魁茶乡人家

文化背景

太平猴魁诞生记

反复研制、世代锤炼，成就一方神品。

清朝末期，太平人郑心周在南京开“江南春”茶庄，每年茶季在猴坑三门滩设收购点，为打品牌，请人从成茶中挑出尖芽称“奎尖”出售，获利颇丰。受此启发，清光绪二十六年（1900年），猴坑茶农王老二（王奎成），在猴岗凤凰尖浮水宕茶园，采一芽三四叶，取一芽两叶制，成茶品质居尖茶之魁，被称为“王老二魁尖”。1910年，太平县猴坑方南山、方先柜、王文志、张富荣4人，精心制作2千克“魁尖”，陈列在南洋劝业会和农工商部，首获优奖，广受好评。为不使此“魁尖”与一般魁尖混淆，特以猴坑产地为名，定名为“猴魁”。1915年，猴魁茶送往巴拿马万国博览会前，太平县商会再将“猴魁”更名为“太平猴魁”，意该茶品质位尖茶魁首，产太平县猴坑。

精采巧制绝天下

太平猴魁，中国绿茶中的极品名茶。其采摘之考究，标准之严格，在我国名茶中亦属魁首。清晨朦雾中上山采茶，雾退即收工，一般只采到上午10时。采

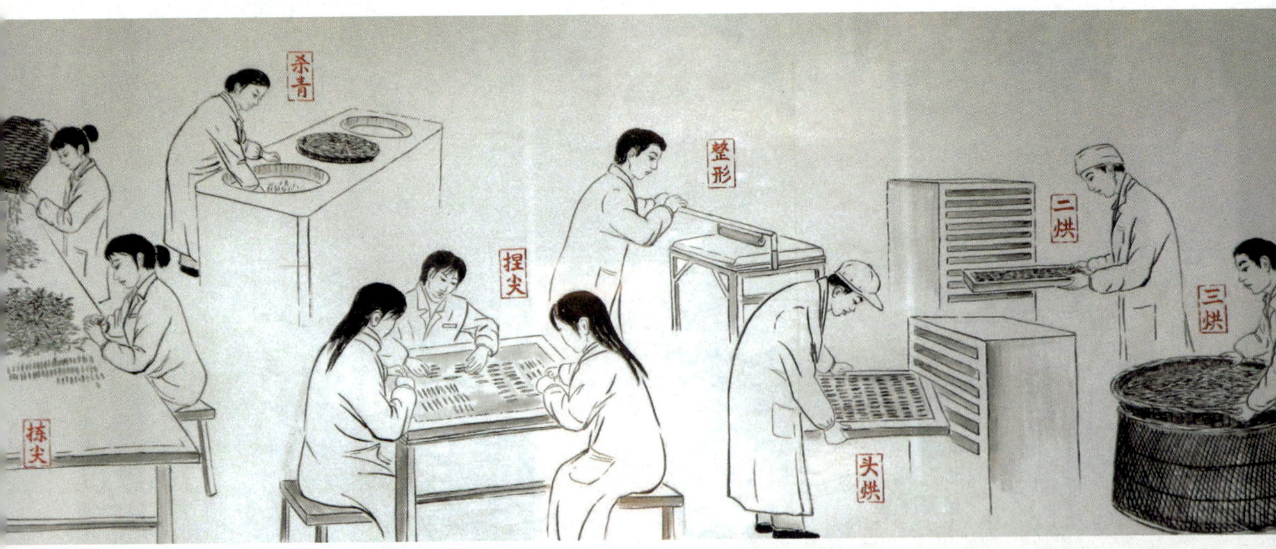

·太平猴魁制作技艺

·太平猴魁鲜叶原料

茶要做到"四拣"，即拣高山阴山、拣生长旺盛的柿大茶茶棵、拣枝杆粗壮的茶枝，拣尖即拣符合标准的芽叶，其原则有"八不要"，即过大不要、过小不要、过瘦不要、弯曲不要、无芽不要、色淡不要、紫芽不要、病虫危害不要。

制作工艺分拣尖、摊放、杀青、整形、头烘、二烘、三烘7道工序，全部手工作业，投叶量极少，手势轻巧，还要适时调整火候，变换手法，使茶叶形成独特的扁展挺直状。

文化积淀

赠茶孙中山　喜获题词

孙中山是伟大的中国民主革命先行者，他早年以医为业，爱好品茶，对茶之功能了解精深。

1912年，孙中山在安徽芜湖考察。太平茶商苏锡岱获悉后便通知其义弟刘敬之，指由正在芜湖开设“南山茶号”的方南山，带上猴魁茶去码头敬赠孙中山，以示敬仰。当孙中山饮此茶后，赞不绝口，连称好茶，深为猴魁之美之奇感到兴奋，欣然挥毫为方南山题词，“饮杯猴茶，如得知己，可以无憾。南山先生鉴　民元孙文”并盖上印章。

酣畅有力的题词，内涵丰富，它既是对猴魁茶的充分肯定，更体现了孙中山关注民生、视茶人为知己的伟人风范，他的题词已成为中华茶文化的瑰宝。

猴魁殊荣　巴拿马一等金奖

1915年，猴坑人方南山携太平猴魁茶远渡重洋，参加巴拿马万国博览会。博览会是全球性各类顶尖产品的大比武。参赛中，方南山在中华馆旁的木屋开设茶室，实地烹泡太平猴魁茶，一时香气四溢，品茗滋味甘醇，一举征服参会宾朋。后几经评审，太平猴魁茶以其特殊工艺、上乘质量、独特风格，征服评委，冠盖群芳，脱盈而出，荣膺一等金质奖章。

撰写《猴茶真经》

《猴茶真经》是太平猴魁茶的首部文献，作者方南山。该文分九节，以四言诗形式，将太平猴魁茶神话般诞生、茶园管理、采制手法、成茶品质以及孙中山赞誉等，进行了形象、生动、优美的概括，字字珠玑，句句精辟。

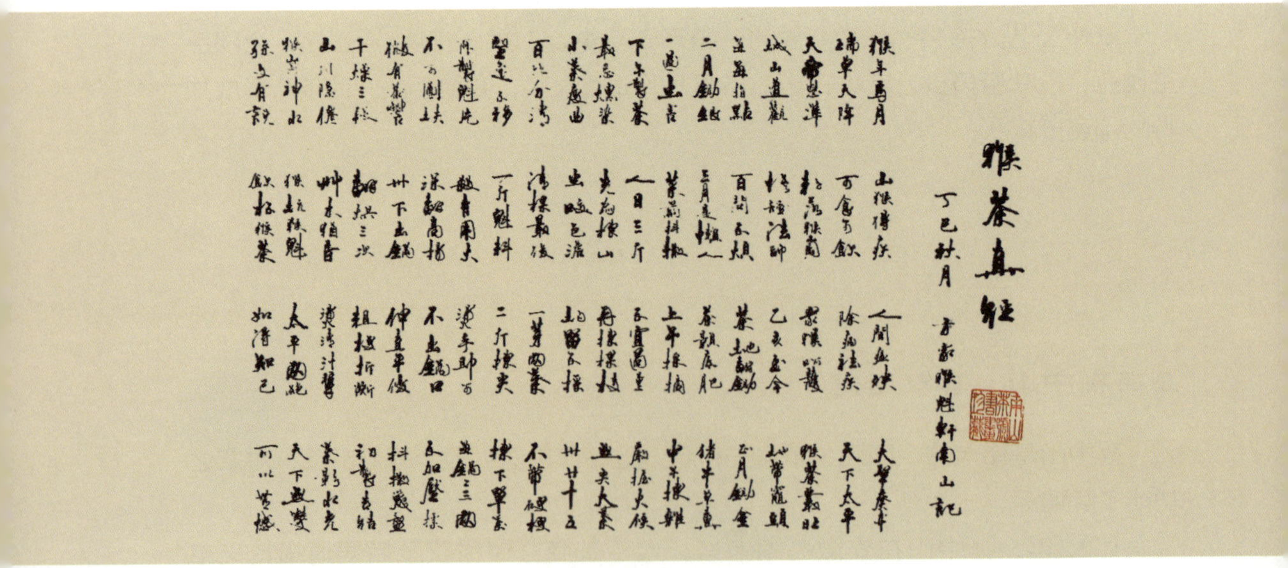

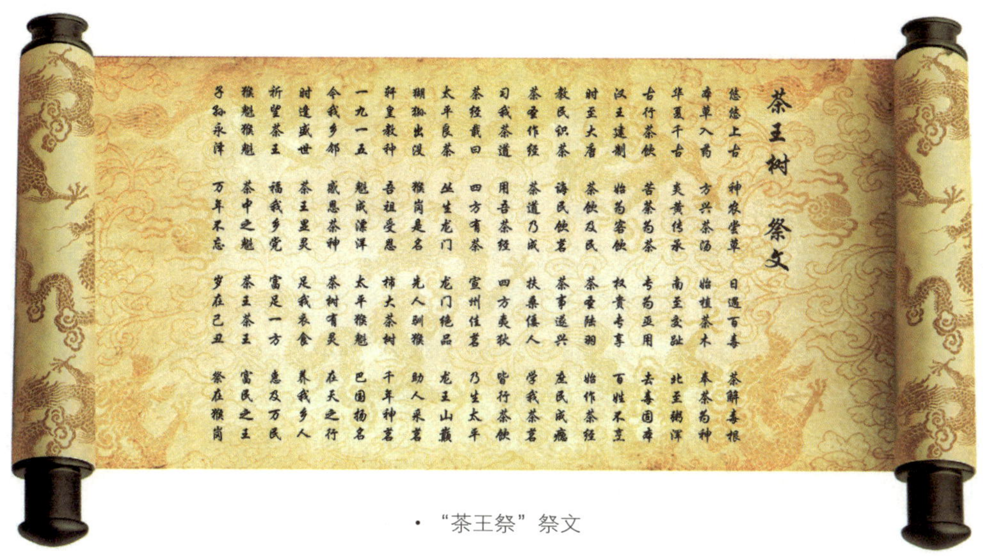

• “茶王祭”祭文

“茶王祭”仪式

“茶王祭”是对太平猴魁创始地猴坑树龄170多年的“茶王树”进行敬香、敬酒、祭拜、祭文等祭祀活动，最后有一对金童玉女用嘴含采太平猴魁茶。

这是太平猴魁茶园开园时必须举行的一项民俗活动，意在为茶农祈福，愿当年的茶叶丰产丰收。

品牌建设

为保护太平猴魁茶这一民族品牌、国之瑰宝，国家有关部门先后实施了3项保护。2003年，实施地理标志产品保护，保护范围为黄山区行政区域；2006年，实施证明商标保护，颁布《“太平猴魁”证明商标使用管理规则》；2008年，实施国家非物质文化遗产保护，“太平猴魁制作技艺”被国务院批准列入《第二批国家级非物质文化遗产名录》。

近十几年来，太平猴魁茶品牌建设扎实有力。源头上优化品种，大力发展标准化茶园，实施茶树良种繁育工程。加工上保证品质，恪守传统技艺，确保品质特征不改变。舌尖上确保安全，采取“政府补贴＋茶企筹资＋茶农赞助”的办法，倾力推行统防统治工作，确保让消费者喝上放心茶。销售上保护品牌，实施地理标志产品保护，积极开展打击假冒伪劣产品的维权活动；兴建皖南地区规模最大、功能最全的茶叶市场。宣传上塑造品牌，《太平猴魁》专著出版发行；建设猴坑茶文化楼、猴坑村太平猴魁茶文化广场；建设集茶叶生产、生态观光于一体的现代茶博园。

太平猴魁茶品牌建设成效显著，1915年荣膺巴拿马万国博览会一等金奖，成为我国最早荣获世博会最高奖的为数极少的名茶。1959年被评为“中国十大名茶”，深受业界喜爱，并多次在全国性名茶评比中，名列前茅。新中国成立后，太平猴魁茶一直被国家定为特供产品，分送中南海、外交部、人民大会堂等单位用以招待外宾、贵客。2007年3月，太平猴魁茶被商务部、外交部确定为国礼。2004年、2008年、2010年、2013年在中国（芜湖）等国际茶博会，太平猴魁茶四登“茶王”宝座。2012年获“最具影响力中国农产品区域公用品牌”称号。2013年，“太平猴魁”品牌价值被估12.86亿元，品牌经营力位列第3名，品牌强度乘数、品牌发展力均位列前10强。2013年在美英法等31个国家及中国香港、中国澳门、中国台湾地区申请注册商标。

龙头企业引领发展。黄山市猴坑茶业有限公司，是太平猴魁茶产销规模最大的企业，是商务部“中华老字号”单位、农业部“全国农产品加工示范基地”、安徽省农业产业化龙头企业、中国茶叶行业百强企业；“猴坑”品牌为中国驰名商标。

• 太平猴魁核心产地猴坑村风光

黄山六百里猴魁茶业有限公司，是安徽省农业产业化龙头企业、中国茶叶行业百强企业；“六百里”品牌为中国驰名商标。黄山市猴坑茶业有限公司董事长兼总经理方继凡，是太平猴魁茶国家级非物质文化遗产代表性传承人。

太平猴魁茶之功效

太平猴魁茶属绿茶类名茶，性甘微寒，是我国传统的天然保健饮料。茶叶中的化学成分达500多种，主要有茶多酚、氨基酸、咖啡因、蛋白质、糖类、维生素、脂类、有机酸等有机化合物，还有钾、钠、镁、铜等28种无机营养元素。经检测，太平猴魁茶中多酚类、氨基酸含量分别高达34.09％和7.89％，且比例协调，位众名茶之首。

经常饮用太平猴魁茶，对人体具有一定的养生保健作用：它能防暑降温，解渴生津；提神醒脑，消除疲劳；消炎杀菌，帮助消化；太平猴魁茶富含的各类维生素具养颜功效，还可以延缓人体衰老；太平猴魁茶富含的氨基酸，可补充人体生命需要，并有增加记忆功能；太平猴魁茶富含的多酚类，对于预防癌症具一定的作用，可以有效阻止亚硝胺致癌物的合成。

此外，太平猴魁茶还有减肥、利尿、明目、固齿、清除口腔异味、解烟毒、降酒毒等功效。

本产品图片均由黄山市猴坑茶业有限公司提供

产品概况

产 品 名 称：都匀毛尖茶

国家公告号：国家质量监督检验检疫总局2010年第133号

保 护 范 围：贵州省黔南布依族苗族自治州都匀市、福泉市、瓮安县、龙里县、惠水县、长顺县、独山县、三都县、荔波县、平塘县、罗甸县、都匀经济开发区现辖行政区域

都匀毛尖茶

『橙黄红绿，秋月春花。』古时偏居僻地、穷山恶水的云贵高原，如今却山青峰奇、水绕山环。云贵高原的大山深处孕育着茶色诱人、口味独特的都匀毛尖。都匀毛尖，又名『白毛尖』『细毛尖』『鱼钩茶』『雀舌茶』，成品色泽翠绿、外形匀整、白毫显露、条索卷曲、香气清嫩，冲泡后汤色清澈、叶底明亮、芽头肥壮、滋味鲜浓、回味甘甜。都匀毛尖茶为贵州名茶，是中国十大名茶之一。

地理环境

“九溪归一”剑江河 都匀毛尖苗岭韵

都匀市是黔南布依族苗族自治州府所在地，总人口50万，有布依、苗、水、瑶等33个少数民族，是贵州南部政治、经济、文化的中心。

都匀市位于云贵高原，亚热带季风气候区，冬无严寒，夏无酷暑，雨量充沛，年平均降雨量1431.1毫米，年平均气温16.2℃，十分有利于农作物生长和农业的立体布局。由于地形、地貌和地质构造的特殊性，都匀形成了生态环境和地方气候多样特点，同时也形成了土壤类型和植被类型多样化。都匀海拔1600米以上山顶，因气候冷凉，潮湿多雾，形成山地灌丛草甸土。都匀还是一个沉积岩的王国。岩溶在全州广泛发育，溶洞暗河众多密布，有很高的科考价值。震旦、寒武、奥陶、志留、泥盆、二叠、三叠各时代地层发育完好，化石门类繁多，不少典型剖面是研究沉积岩相不可多得之地。 由于古岩石地貌发育，加之地壳不断抬升，断裂交错，致使峰丛、峰林发育，溶盆、溶洼、落水洞、溶斗常见，断壁、悬崖众多。这样的地质地貌和气候，为都匀茶树生长提供了十分优良的生长条件。

· 贵定梯田

在都匀市内“九溪归一”的剑江河畔，众多河流汇入沅江源头剑江并穿城而过。碧玉般的剑江水，沿江两岸莺语流花，青山耸翠。2012年，都匀市获得“全球绿色城市”称号。

风景名胜秀美 产区萦绕其中

在以都匀为中心，贵州省黔南布依族苗族自治州府的土地上，聚集着1个世界级自然遗产地和8个国家级森林公园、地质公园、自然风景名胜地，是中国自然遗产最密集的地区。黔南的南部是独山紫林山国家森林公园；东南部是世界自然遗产地中国南方喀斯特——荔波茂兰喀斯特和荔波樟江国家风景名胜区，也是“中国最美的十大森林”之一；荔波樟江国家风景名胜区小七孔东南还有三都尧人山国家森林公园，奇观“石头下蛋”和情感植物“风流草”是它著名的地标；西南部是平塘国家地质公园，除了拥有世界奇观“救星石”和世界最大的国际大射电望远镜基地之外，掌布、甲茶也都是闻名遐迩的自然风景名胜；北部是瓮安朱家山国家森林公园、龙里龙架山国家森林公园。这些自然生态优越的区域加上惠水野梅岭、长顺白云山、罗甸大小井一系列的省级森林公园和风景名胜，形成一个完整的环形，将都匀毛尖茶和贵定云雾茶的主产地斗篷山、云雾山萦绕其中。

· 都匀毛尖茶园

目前，都匀毛尖茶产区既包含了历史上苗岭山脉所产的茶，也包含了今之黔南所产制的绿茶。这些产区大部分一年四季云雾弥漫，恰好适合茶树的耐阴习性。产区的土壤主要为酸性，质地疏松，排水性好，土壤富含硒、锌、锶等微量元素。独特的生长环境造就了黔南绿茶独特的内在品质，使其具有芽头肥壮，色泽鲜绿，内含物丰富，香高馥郁，鲜爽醇厚，滋味回甘，汤色清澈，叶底明亮等特点。

文化背景

翠绿白毫挂金钩 黔南秀水毛尖茶

都匀，春秋时期属于牂牁古国；战国及秦、汉时期，分别属夜郎古国所辖的且兰国和毋敛国；西汉元鼎六年（公元前111年）设牂牁郡，都匀属之；唐贞观三年（629年）设置应州[①]，都匀属之。此地原名都云，因城东一千米处有一个仙气氤氲的都云洞而得名。明洪武二十三年（1390年），平羌将军何福上奏朝廷，认为“云之为物，变化莫测”，应改为“匀”，取均匀之意。皇帝准奏，“都云”从此改为“都匀”。

历史上都匀毛尖主要产于团山、哨脚、大槽一带。这里山谷起伏，海拔千米，峡谷溪流，林木苍郁，云雾笼罩，冬无严寒，夏无酷暑，四季宜人。黔南《农业名特优资源》上记载：“都匀毛尖茶有悠久的历史，成名也较早。”《都匀县志稿》卷十一“祠庙寺观”中记载：“西岳庙，在长秀[②]，旧建，乾隆间毁，知府宋文型重建。”民国《都匀县志稿》上记载：“茶，四乡多产之，产小菁[③]者尤佳，以有密林防护之。”《都匀市志》亦说：“都匀毛尖茶，原产境内团山黄河，时称黄河毛尖茶。”在重建西岳庙时，宋文型刻立有《重建西岳庙碑序》。宋文型在碑序中说：“庚子岁[④]余守匀疆，兼理厂务茶园一局，中在间有西岳王之庙，奉为本厂之神”“爰是捐俸五十两，命薛允忠督造重修”，希望

①应州：羁縻州。

②长秀：即今都匀团山一带。

③小菁：即今都匀市的团山、黄河一带。

④庚子岁：清乾隆四十五年，1780年。

· 采都匀毛尖茶

· 苗族婚礼

“镇彼西方，维兹厂局”以求“上裕国课，下佐工商”。说明早在200多年前都匀就已经有了官办茶园，直接由知府兼理，且其重要性已关系到“上裕国课，下佐工商”之大事。可见在清乾隆年间，都匀毛尖茶已行销各地。

据史料记载，早在明代，毛尖茶中的“鱼钩茶”“雀舌茶”便是皇室贡品；到乾隆年间，已开始行销海外。相传明贵定人氏丘禾嘉，时任兵部职方主事。因不满于职方主事正六品的官职，在兄长丘禾实指点下，得崇祯皇帝的召见，奉一做工精细的楠木盒。崇祯打开木盒，内有丝绸布袋，袋乃一包茶叶。崇祯见此沉吟许久，脸露不悦之色。丘禾嘉见状即奏，“此乃我家乡都匀府出产茶叶，为我朝贡茶，可惜迄今还没有名字，请皇上赐名。”丘禾嘉以茶喻人，“兰心质慧而无名”。崇祯闻奏，遂曰：“卿所贡之茶，历朝有名，生时为枪，熟时似钩，赐名‘鱼钩’。”随即传旨，丘禾嘉破格任命辽东巡抚，加“超拜右佥都御史兼统山海关诸处兵马”的衔头。都匀绿茶由此得“鱼钩茶”名。

从来世人好评水 黔南秀水出好茶

贵州有一位布依族作家曾经在他的书中写到："如果茶叶没有文化积淀，它就是一片片普通的树叶。都匀毛尖之所以能成为茶中珍品，就是因为它产自拥有斑斓多姿文化沉淀的黔南。"但由于历史原因，国内可见关于茶的诗歌中涉及贵州的极少。说明贵州确实有不少茶文化史实散落民间，仍然有待开发。

相传，在很久以前，都匀地区有一个蛮王。蛮王有九个儿子，九十九个女儿。随着时间的不断推移，蛮王渐渐地老了，其子女们也渐渐长大了。有一年，老蛮王病了，感觉也该退位了，于是叫来子女们告诉他们如果谁可以治好他的病就让谁管理天下，老蛮王的子女们就出去找药了。

老蛮王九个儿子找来九样药，都没治好他的病。九十九个女儿找来的全是一样药——茶叶，却医好了病。老蛮王问："从何处找来?是谁给的?"姑娘们异口同声回答："从云雾山上采来，是绿仙雀给的。"蛮王连服三次，眼明神爽。他

· 毛尖茶艺表演

· 都匀毛尖茶青展示

高兴地说："真比仙丹灵验！现在我让位给你们了。但我希望你们再去找点茶种来栽，今后谁生病，都能治好，岂不更好。"

女儿们第二天去到云雾山，但不见了绿仙雀，也不知道茶叶怎么栽种。她们在一株高大的茶树王树下求拜三天三夜，感动了天神，于是天神派一只绿仙雀和一群白鸟从云中飞来，不停地叫："毛尖……茶，毛尖……茶。"女儿们说明来意，绿仙雀立刻变成一位美貌的茶姐一边采茶一边说："姑娘们，要找茶种好办，但首先要做三条：一是要有一双剪刀似的手，平时可以采药，坏人来偷茶时，就夹断他的手；二是要能变成我这样的尖尖嘴，去捕捉茶林中的害虫；三是要能用它医治人间疾苦，让百姓健康长寿。"姑娘们说："保证做到这三条，请茶姐多多指点。"茶姐拉着姑娘们的手，指指划划，面授秘诀，姑娘们一阵欢笑，高兴得边唱边跳《仙女采茶舞》。

这个神话，在都匀民间广为流传，足见茶在都匀民间的地位。

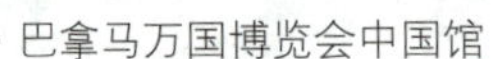
·巴拿马万国博览会中国馆

·巴拿马奖章

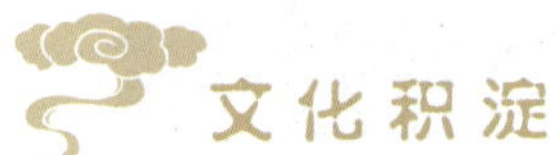

文化积淀

莫友芝，清嘉庆十六年生，贵州著名“沙滩文化”主要领军人物，生平嗜茶。道光中，莫友芝与郑珍同撰《遵义府志》，收录了一首流传在独山、都匀、福泉一带的花灯《采茶调》中的《十二月采茶歌》，歌云：“三月采茶茶叶清，茶树脚下等莺莺；二月采茶茶花开，借问情侬几时来……”歌词清婉雅丽，别具一格。其后《都匀县志·风俗篇》转录这首民间歌谣。

今人庄晚芳先生，是我国茶树栽培学科的奠基人之一。20世纪60年代末，都匀毛尖茶改革旧有工艺，从色、香、味、形、效几个方面又上了一个台阶。新工艺制作的都匀毛尖加工出来后，当即给庄晚芳先生寄去一包样品，请他品评。不久，庄教授对寄去的都匀毛尖样品给予了很高的评价，并在信中题诗一首夸赞道：

雪芽芳香都匀生，不亚龙井碧螺春。
饮罢浮花清香味，心旷神怡攻关灵。

品牌建设

品牌数百年　茗香撩心扉

专家们认为，都匀毛尖有着深厚的茶文化底蕴，属我国历史名茶。作为贵州最早实施茶叶名牌带动战略的茶区之一，都匀人很早就有品牌意识，翻看历史都匀毛尖茶见诸史料已逾1500年。即使封存自唐宋以来黔南茶历朝历代进贡宫廷的历史，近百年间都匀毛尖茶就两次走进世博会并获大奖，充分展示了黔南茶的优秀品质。

1915年都匀毛尖与贵州茅台酒同获巴拿马万国博览会金奖。后人称贵州“北有仁怀茅台，南有都匀毛尖”。1982年，都匀毛尖被评为“中国十大名茶”。2010年，上海世博会被评为“世博十大名茶”。

·都匀文峰园

2013年黔南州将茶产业确定为全州四大特色优势产业之首，明确提出举全州之力打造“都匀毛尖”品牌，围绕目标市场，拓宽营销渠道，扩大市场份额，提高都匀毛尖茶市场占有率；每年整合土地开发、扶贫、农业综合开发、退耕还林等项目资金扶持茶产业发展。

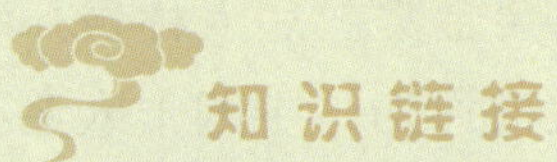

知识链接

都匀毛尖的鉴别

毛尖分级标准：珍品、特级、一级、二级。

（1）都匀毛尖鉴别

真都匀毛尖产于贵州省黔南州。茶叶嫩绿匀齐，细小短薄，一芽一叶初展，形似雀舌，长2~2.5厘米，外形条索紧细、卷曲，毫毛显露，叶底嫩绿匀齐，汤色嫩绿、黄绿、明亮，香气高爽、清香，滋味鲜浓、醇香、回甘。芽叶着生部位为互生，嫩茎圆形，叶缘有细小锯齿，叶片肥厚绿亮。

（2）新茶与陈茶鉴别

外观：新茶色泽鲜亮，泛绿色光泽，香气浓爽而鲜活，白毫明显，给人有生鲜感觉；陈茶色泽较暗，光泽发暗甚至发乌，白毫损耗多，香气低闷，无新鲜口感。

茶汤：新茶汤色新鲜淡绿、明亮，香气鲜爽持久，滋味鲜浓久长，叶底鲜绿清亮；陈茶汤色较淡，香气较低欠爽，滋味较淡，叶底不鲜绿而发乌，欠明亮，易泛黄。

· 都匀毛尖叶底

· 都匀毛尖干茶

产品概况

产品名称：信阳毛尖

国家公告号：国家质量监督检验检疫总局2002年第87号

保护范围：河南省信阳市现辖行政区域

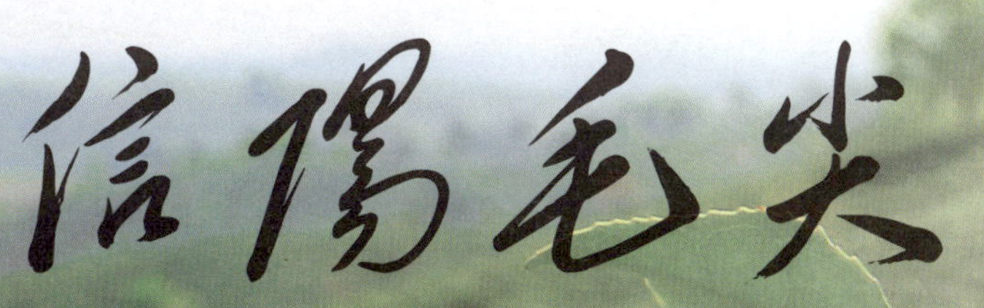

『鸿钧通窍处，雷沼在山巅。薄霭初浮水，浓云已布天。篆丝重叠吐，簇练立空悬。敢作崇朝雨，满山溉茶园。』（清代张钺《雷沼喷云》）这是茶乡信阳最美的写照。而信阳毛尖，这个中国最负盛名的十大名茶之一，它以细、圆、紧、直的外形，嫩绿明亮的汤色，鲜爽持久的香气，回甘生津的味道，嫩绿匀整的叶底，古往今来备受人们的青睐。

地理环境

信阳茶区处于亚热带向暖温带过渡区域，属于高纬度产茶区，具有适宜茶树生长和形成优良品质茶叶的自然条件。信阳毛尖属特种绿茶，当家品种为信阳十号，近年来也引进了白毫早、福鼎大白、龙井四十三等品种。信阳市茶叶产区主要分布在大别山腹地，山区气候良好，日照充足，年平均气温15.1～15.3℃，无霜期长，平均220—230天，降雨丰沛，年均降雨量900～1400毫米。四季分明，春季阴雨连绵，昼夜温差较大，茶树芽叶生长缓慢，持嫩性强，肥厚多毫，含氮化合物积累较多；夏季高温高湿，光照充足，降水量多，茶树营养生长旺盛；秋季凉爽，天气多晴；冬季气候干冷，降水量少，寒冷期短，日平均气温低于0℃的日数年均30天左右，有利于茶树过冬。

· 韵律茶乡　张卫东／摄影

信阳山区的土壤，多为黄、黑沙壤土，深厚疏松，腐殖质含量较多，肥力较高，pH为4.0～6.5。信阳茶农多选择在海拔300～800米的高山区种茶。这里山势起伏多变，森林密布，植被丰富，云雾弥漫，空气湿润，相对湿度年均77%。有研究表明，信阳产茶区是整个亚热带在丘陵山区云雾日3个最高值区之一，云雾日年均130天，正所谓“云雾高山有好茶”。这也是炒制优质绿茶所不能缺少的。这些地理条件，是造就信阳毛尖茶优良品质的决定因素。

信阳山清水秀，森林覆盖率已达到34.4%，有山必绿，有水必秀，素有“江南北国，北国江南”之美誉；信阳是国家园林城市，又是国家级生态示范市。“山绕绿城城砌玉，城裹碧水水飞虹”正是信阳市容的真实写照。良好的生态环境既是信阳最吸引人的地方，也是信阳毛尖茶无环境污染的有力保障。

• 茶园　信阳市茶产业办公室／供图

文化背景

我国茶叶生产早在3000多年前的周朝之前就已经开始。茶树原产于我国西南高原，随着气候以及政治、经济、文化、交通等方面的发展变迁，而传到祖国各地以至国外。陈椽教授所著《茶叶通史》中就这样记载着："茶树随交通的方便而移入陕西。秦岭山脉为屏障，抵御寒流，故陕南气候温和，茶树在南部生根。因气候条件限制，茶树不能再向北推进，只能沿汉水转入东周政治经济中心——河南（东周建都河南洛阳），又在气候温和的河南南部（信阳）生根。"1987年，考古学家在信阳地区固始县发掘的古墓中有茶叶出土，考证距今已有2300多年。

茶圣陆羽撰写的世界第一部茶书《茶经》，把全国盛产茶叶的13个省42个

州郡划分为八大茶区，信阳归淮南茶区，并指出："淮南（茶）以光州（今潢川、光山一带）上……"唐《地理志》载："义阳（今信阳市平桥区、浉河区）土贡品有茶。"宋代大文豪苏东坡曾有"淮南茶，信阳第一"的赞誉。

"信阳毛尖"茶独特风格的形成是在20世纪初。清光绪末年，在秀才甘以敬（字周源）、翰林陈雨人等人的影响下，信阳城乡的一些绅士、地主、商人相继集股建社种茶，先后成立元贞（震雷山）、广益、裕申、宏济（车云）、博厚、森森（万寿）、龙潭、广生八大茶社。"八大茶社"在安徽六安、麻埠和浙江杭州等地购买茶籽，并学习了六安瓜片和西湖龙井的炒制技术，注重制作技术上的引进、消化与吸收，逐渐改进完善了信阳茶叶炒制工艺，在1913年生产出了品质很好的"本山毛尖"茶，后更名为"信阳毛尖"。

• 鸡公山景区　信阳市摄影家协会／供图

·信阳市摄影家协会 / 供图

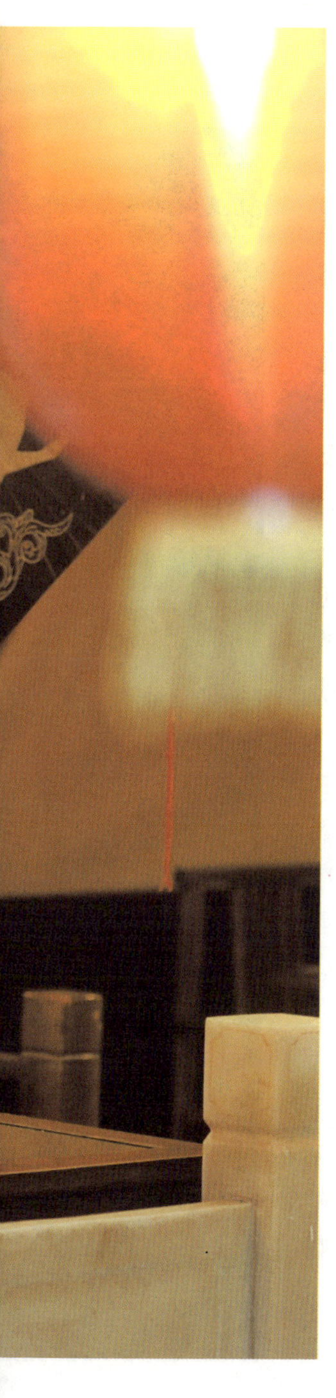

关于信阳毛尖，在历史上流传着许多传说：

武则天敕建千佛塔

武则天称帝后，养尊处优，锦衣玉食，尝尽了人间美味，不久就因为消化问题闹起了肠胃病，久治不愈，太医束手无策。一位医官战战兢兢地献策：陛下，臣闻茶乃万病之药，昔神农氏尝百草曾到过义阳郡的车云山，那里的贡品茶能治多种疾病，陛下不妨一试。武则天传旨进茶。饮了医官进献的车云山茶后，她腹胀渐消，龙体渐安，肠胃病不几天就痊愈了。于是她龙颜大悦，当即就下了两道圣旨：一是重赏那名医官，二是在车云山建造一座千佛塔，以彰茶功。从此之后，车云山年年向朝廷进献贡茶。这就是唐《地理志》中记载的“义阳土贡品有茶”。车云山村又被称为“贡茶之村”的来由。

唐玄宗称赞“口唇茶”

唐朝，鸡公山上住着一个年轻的读书人叫吴大贵，只因他父母先后去世，家境贫寒，他每天只好以耕读为业，甚是辛苦。瑶池的九个仙女这天到鸡公山游玩，看到吴大贵年轻有为，就想给他帮个大忙。仙女们到吴大贵家附近的茶林，用口唇采茶，采够一篮后就炒好封好留给吴大贵。仙女们走后，吴大贵沏上一杯新茶品尝，只见升起的雾气里隐约有九个仙女的身影，入口香醇，心旷神怡。因这茶是仙女用嘴采的，他就将茶起名叫“口唇茶”。义阳知州知道后，把口唇茶进贡当朝皇上唐玄宗。当时唐玄宗的爱妃杨贵妃正精神不爽，一杯口唇茶喝下去，病体痊愈，玉容生色。唐玄宗甚为高兴，对口唇茶大加赞赏。

关于茶叶，从来都是文人墨客心口一念的细细品味，也是普罗大众生活中不可或缺的一味调料。

信阳茶诗词

信阳茶诗词以描写茶乡风光的为最多，也最可观。如王祖嫡（明）在《游黑龙潭值雨》一诗中讴歌茶乡的风光："真宰运斤成异境，玄工凿石作灵湫。云城古树阴常结，岚合群峰翠欲流……"张钺（清）在《雷沼喷云》中赞颂山上的美景和茶叶："鸿钧通窍处，雷沼在山巅。薄霭初浮水，浓云已布天。篆丝重叠吐，簇练立空悬。敢作崇朝雨，满山溉茶园。"程悌（清）在《题车云山》中写道："云去青山空，云来青山白。白云只在山，常伴山中客。"

赞美信阳茶的内在质量，抒发作者的品茶情趣，是信阳茶诗的另一特点。张培金（清）在《三仙缸》一诗中写道："桃花红映仙缸春，泉水烹茶味更醇。可惜品题无陆羽，年年只好待游人。"樊鹏（明）的《游贤山》诗中写道："举酒啜佳茗，极赏暮始还。山头松月凄，万古老区寰。"

在众多的茶诗和品题中，也有不少是反映茶农的劳动和生活疾苦的。正如何景明（明）在他的《独漉篇》诗中写的"食茶知苦，食梅知酸"一样，茶乡人最知道种茶的艰难。值得注意的是，信阳的不少茶诗还谈到了饮茶用具和品茶方法，重视选水问题。如清代官至翰林院编修的信阳人王祖娣的孙子王星壁在《龙潭冻瀑》诗中写道："煮雪携茶具，冲风却酒帘。尚应供自足，更合谢朱炎。"

当代众多文人不断深入茶乡体验生活，对信阳毛尖茶感悟至深，他们将自己的思想体现在自己的创作里，如王澄的《戊寅品信阳毛尖》、胡秋萍的《戊寅与吟友谈茶论道》、王幼甫的《赞信阳毛尖》、李兴国的《子安茶赞》、黄元尧的《饮茶车云山即兴》、袁维龙的《放歌车云山》、唐道武的《五云茶乡游》等。

• 信阳市摄影家协会／供图

信阳茶歌舞

信阳的茶歌舞委婉动听，婀娜多姿。其内容有唱高山流水的，有唱男婚女爱的，更有唱种茶制茶等劳动生活的。如信阳诗人陈有才创作的两首茶歌，其一首是“茶山的歌挤破喉，茶叶满篓歌满篓。茶山为啥多茶歌？采茶的姑娘十八九，个个姑娘是能手。”另一首“二十岁小郎去采茶，叫声贤妻你在家，早早插门早早睡，少梳油头少戴花，少跟光棍说玩话。”茶乡的生活气息十分浓郁。

信阳茶楹联与茶谚语

信阳茶文化底蕴深厚，凡是有以茶联谊的场所，诸如茶楼、茶馆、茶亭、茶座等，茶生产经营单位如茶场、茶公司、茶商店、茶餐厅等，都可以看到以茶为题材的楹联，如“茶敬客来茶当酒，云山人去云作车”“浉河中心水，车云顶上茶”。

信阳有很多民间日用茶联，这些茶联从茶道、茶艺、茶情等不同角度，全面反映了人们在日常生活中对品茶论道的钟爱之情。

当炉漫煮山泉水，与客同尝云雾茶。
惜无陆羽题佳句，喜有骚客赋诗章。
喜看春山花千树，笑饮龙潭茶一杯。
江淮地灵历代夸绿茗，盛世人杰今朝颂红茶。高山云雾出好茶。
春茶苦，夏茶涩，秋茶好喝舍不得。
早采三天是个宝，迟采三天变成草。
头茶不采好，二茶发不了。

·茶岛　信阳市摄影家协会／供图

品牌建设

据统计，2014年信阳市现有茶叶生产加工企业近900家，国家级农业产业化龙头企业1家，省级龙头企业12家，市级龙头企业52家，中国茶行业百强企业8家， 6个中国驰名商标，10个省级著名商标，3个中国名牌农产品和6个河南省名牌农产品。一大批龙头企业在全省18个地市和全国各主要城市建立品牌形象展示展销店200多家，设立营销网点1200多个，增强了品牌效应，树立了品牌形象，扩大了品牌影响，提升了品牌价值，弘扬了品牌文化。2015年4月，经浙江大学CARD农业品牌研究中心评估，信阳毛尖品牌价值达55.72亿元。主要茶叶品牌有“龙潭”“文新”“蓝天”“九华山”“仰天雪绿”“新林”等。

知识链接

信阳毛尖的贮藏保鲜技术

茶叶必须充分干燥：一般要求含水量低于6%，但不低于3%。

采用茶叶专用冷藏库冷藏保鲜：低温、避光、除湿，冷库相对湿度控制到65%以下的条件下，贮茶温度控制在0～8℃为宜。

真空或抽气充氮包装保鲜技术：选用阻气（阻氧）性能好的铝箔或其他二层以上的复合膜材料或铁质、铝质易拉罐作包装容器。将袋（罐）内空气抽出后立即封口。或将袋（罐）内空气抽出，形成"真空"状态，然后充入氮气，最后严密封口，使茶叶处于低氧的环境，达到保鲜的目的。

除氧剂除氧保鲜技术：采用气密性良好的复合膜容器，装入茶叶后再放入1小包除氧剂，然后封口，可使包装内氧气浓度降低到0.1%以下，保持茶叶处于无氧状态，从而达到保鲜的效果。

冰箱低温冷藏保鲜：在茶叶包装外套一至两层高密度聚乙烯袋，扎紧，放入冰箱的冷冻室内。饮用时，先取出在室温条件下放置一段时间，茶叶温度接近室温时，再打开包装。

信阳毛尖茶艺十道茶

茶艺表演是茶道的重要形式之一，信阳的茶艺表演更是博采众长，丰富多彩。展示了信阳茶婀娜多姿、清香馥郁的内在品质和内涵丰厚、高雅灵秀的茶

·茶乡新貌　信阳市摄影家协会／供图

文化底蕴。茶艺师温文尔雅、技艺娴熟，像茶叶仙子那样飘逸，像茶姑娘那样水灵。茶艺表演配古筝表演和伴舞，更多了几份优美和浪漫。

第一道　鉴赏佳茗：茶艺师从茶盒中取出信阳毛尖茶置于赏茶盘中，以示宾客观赏信阳毛尖茶独特的外形。

第二道　泡茶玉液龙潭水：泡茶用水，选自龙潭山泉水。该水具有清、甘、洁、活之特色，水温宜在80℃左右。

第三道　烫壶温杯洁器具：茶艺师先净手，再将瓷壶水倒入茶盅，依次倒入闻香杯、品茗杯，再用茶筷夹洗杯子，清洁茶具。茶是圣洁之物，泡茶人要有一颗圣洁之心，使饮茶者更有一种心旷神怡的感受。

第四道　毛尖入宫吉祥意：茶艺师从茶盒中取出信阳毛尖茶，用茶匙轻轻拨入壶内。

第五道　冲洗仙颜品唇香：信阳人喝茶，讲究头道水、二道茶，为了更清洁卫生，要把这第一道茶水倒掉，又叫洗茶。

第六道　湿润毛尖露芳容：提壶采用“回旋注水法”，向壶中注水少许，浸润茶芽，称为温润泡。

第七道　回青沏茶表敬意：茶艺师将水注入壶内，上、下提拉注水，反复三次，雅称“凤凰三点头”，然后用壶盖轻轻拂去茶汤表面泡沫，称之为“春风拂面”。

第八道　玉液回壶待君品：茶艺师将壶中茶水迅速倒入茶盅内使茶汤分离，浓淡均匀。

第九道　平分秋色入茶盏：茶艺师将茶盅之水依次斟入闻香杯，缕缕的清香已经扑面而来。

第十道　敬奉宾客一盏茶：献茶，先观汤色之匀雅，汤色嫩绿明亮，然后品滋味之韵喉，分三口品下这杯好茶。先润唇——柔软含香，再润舌——鲜醇清香，后润喉——三口品下。回喉甘甜，滑润鲜爽，真可谓此香只应天上有。

• 一杯醇香的毛尖茶　杨杰 / 摄影

• 杯中有春秋　杨杰 / 摄影

产品概况

产 品 名 称：岳阳黄茶

国家公告号：国家质量监督检验检疫总局2014年第41号

保 护 范 围：湖南省岳阳市现辖行政区域

岳陽黄茶

岳阳黄茶是茶叶的中庸之道，集其他五大茶类加工工艺之综合，有绿茶的杀青、红茶的发酵、黑茶的渥堆、白茶的萎凋、青茶的烘焙，因此，岳阳黄茶具有绿茶的清香，白茶的愉悦，青茶的韵味，红茶的爽口，黑茶的厚重。岳阳黄茶属半发酵茶类，具有『黄汤黄叶』的品质。其外形芽叶肥壮、匀整，色泽褐黄，内质毫香鲜嫩，汤色杏黄明净，叶底嫩黄，滋味甘醇鲜爽，醇和而香浓。

地理环境

岳阳市位于湖南东北部，东倚幕阜山，西抱洞庭湖，北枕长江，南连湘、资、沅、澧四水，属湿润的大陆性季风气候，严寒期短，无霜期长，春温多变，秋寒偏早，雨季明显。生长季中光热水充足，农业气候条件较好，是黄茶生长的天然温床。

岳阳市水资源丰富，水域面积大，水系发达，雨量充沛，过境水量大。充足无污染的水资源给黄茶茶园建设及茶树生长提供了有利条件。

岳阳市土壤以红壤、黄壤、黄棕壤为主，土壤均呈弱酸性。在此土壤中种植的茶树根系发达，枝叶茂盛，叶、芽肥厚，成品茶中的茶氨酸和锌元素等物质丰富，具有香高、味醇、形佳等特色。

· 茶基地

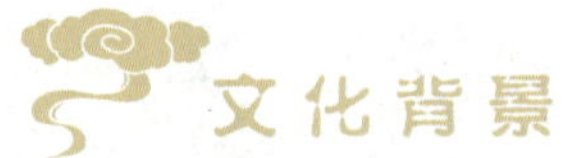

“双焖黄”独特工艺

岳阳黄茶的特别，离不开它独特的“黄茶工艺”。国内首创的“双焖黄”工艺是岳阳黄茶制作大师的经验结晶。两次焖黄的发酵工艺，研发出了味醇耐泡、醇香持久、汤色明亮的黄茶产品。特有的黄茶品种，搭配独特的冲泡工艺，在讲究的泉水冲泡下，最后成为颜色纯正、芳香浓郁的茶汤，工序繁杂、工艺考究，是天时、地利、人和的产物，珍贵无比。[①]

娥皇、女英带来岳阳黄茶

相传四千多年前，舜帝南巡不幸驾崩于九嶷山下。两位爱妃娥皇、女英奔丧途经洞庭遇险，湖面飘来七十二只青螺，把她们托起聚成君山。为了不让君山岛被淹，在湖底还有“定海神针”可随洞庭湖水涨退而伸缩。

其间，二妃将随身所带的茶籽播于君山。茶籽经悉心培育，在君山白鹤寺长出了3兜健壮的茶苗，成为君山茶母本，也是黄茶之源。自此君山有茶，后来人们模仿“定海神针”之形将君山茶制成针状，取名君山银针。

① 肖艳荣，张福芳.千年辉煌黄茶香地标荣耀创佳话.湖南日报，2014年11月17日.

· 岳阳门　青云 / 摄影

岳阳黄茶与文成公主入藏

唐代的岳阳黄茶，不仅受到了宫廷的青睐，更重要的是作为一种媒介，为汉藏的文化交流起过重要的作用，引出了一段流芳千古的佳话。

贞观十一年（637年），松赞干布向唐朝求婚，唐太宗同意将宗室女文成公主嫁给松赞干布。贞观十五年（641年），松赞干布迎娶文成公主。出发时，文成公主带了一些她所喜爱的书籍、日用品，以及陶器、纸、酒、茶叶等嫁妆，而入藏时带去的茶叶就是岳州（今岳阳）名茶“灉湖含膏”。文成公主入藏后，把饮茶习俗传到西藏，使茶与佛教进一步融合，布道弘法，并升华为西藏喇嘛寺中空前规模的茶之盛会。

贾母品茗栊翠庵

在《红楼梦》第四十一回中，有一段贾母品茶栊翠庵的故事，许多茶叶学者认为，这是文学大师曹雪芹对君山茶最细腻的描写。

“史太君两宴大观园”散席之后，贾母带着刘姥姥来到栊翠庵，妙玉相迎进去刚坐下，便亲自捧了一个海棠花式雕漆填金云龙献寿的小茶盘，里面放一个成窑五彩小盖钟，捧与贾母。贾母道：“我不吃六安茶。”妙玉道：“知道，这是老君眉。”

据我国著名茶学家庄晚芳教授考证，老君眉是指洞庭湖中君山岛所产的银针茶，外形似老人的长眉，故名老君眉，茶名带有增寿的意思。

乾隆江南品贡茶

相传当年乾隆皇帝游江南时来到岳阳，乘船泛舟洞庭，登上君山，并品尝了君山茶。乾隆看到柳井水冲泡的君山茶，水色清洌，幽香四溢时，喜笑颜开，赞不绝口，当即封银针茶为御茶。

乾隆皇帝是一位品茗斗茶的行家，晚年他更是嗜茶如命。在御花园里有他专门饮茶的亭阁，并有纳贡的君山银针、西湖龙井、铁观音等。闲时，他常去静心斋（今北海公园内）品饮君山银针。

文化积淀

岳阳黄茶生产历史悠久。唐代初期已是名列前茅的优质茶，中唐已成为宫廷皇室中的贡品。据李肇《唐国史补》载：“风俗贵茶，茶之名品益众。剑南有蒙顶石花，或小方，或散芽，号为第一。湖南有衡山，岳州有灉湖之含膏。”在《唐国史补》中还有灉湖茶带入西藏的记载。

宋代饮茶盛行，当时的灉湖含膏已演变为白鹤茶和黄翎毛。宋代《岳阳风土记》中有“白鹤茶”的记载：“灉湖诸山旧出茶，谓之灉湖茶，李肇所谓岳州灉湖之含膏也，唐人极重之。见于篇什，今人不甚种植，惟白鹤僧园有千余本，土地颇类此苑。所出茶，一岁不过一二十两，土人谓之白鹤茶，味极甘香，非他处草茶可比。” 对岳州黄翎毛的记述则见于马端临的《文献通考》。

明代岳州茶已有岳州之黄翎毛，岳州之含膏的记载。据明代陈仁锡《潜确类书》：“潭州之独行灵草，岳州之黄翎毛，岳州之含膏冷……以上为昔日之佳品。”从上述文献推断，白鹤茶和黄翎毛则是今天的黄茶名茶——君山银针和北港毛尖。

清代的君山茶有了很大的发展。江昱《潇湘听雨录》载：“洞庭君山之毛尖，当推第一。”袁枚《随园食单》载：“洞庭君山出茶，色味与龙井相同，叶

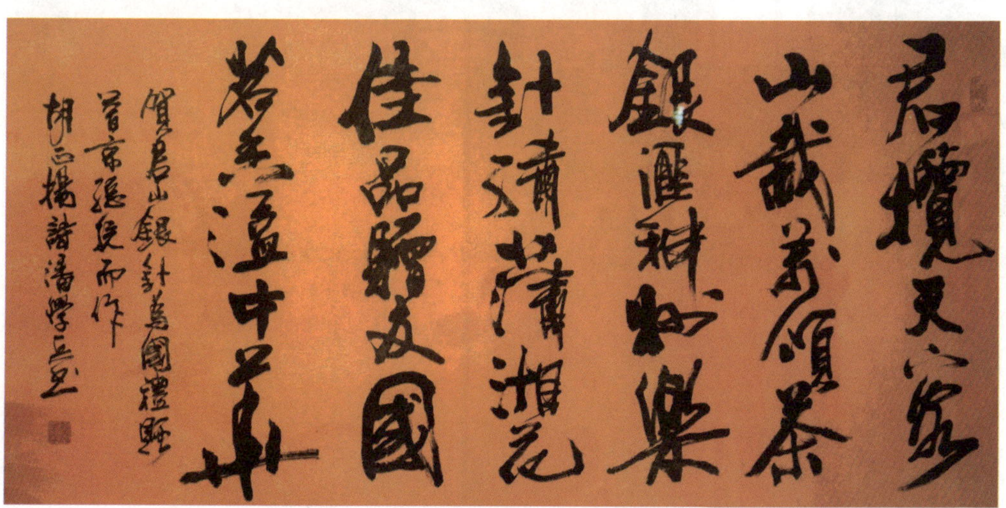

微宽而绿过之，采掇最少。” 清同治《湖南省志》载：“巴陵君山产茶，嫩绿似莲心，岁以充贡。”“邑茶盛称于唐，始贡于五代马殷，旧传产灉湖诸山，今则推君山矣。然君山所产无多，正贡之外，山僧所货贡余茶，间以北港茶掺之。北港地皆平冈，出茶颇多，味甘香，亦胜他处。”这段记述不仅说明君山产茶历史，进贡时间及数量，还进一步阐明了灉湖茶即今岳阳黄茶。

品牌建设

清代时期的岳阳黄茶步入了鼎盛时期，岳阳黄茶由单一的品种发展为君山茶、北港茶、龙窖山茶等，深受欢迎。

在民国时期，岳阳黄茶曾一度消沉。1950年，君山地区恢复种植岳阳黄茶。1954年，岳阳黄茶君山白毫首次参加“莱比锡”国际博览会，在博览会

上被誉为“金镶玉”，获金质奖章。1957年，君山银针被评为中国十大名茶之一。2000年，君山的茶园面积达到14800公顷，至此，岳阳黄茶的发展步入正轨，产业不断扩张。2010年11月，岳阳黄茶“君山”品牌被评为黄茶标志性品牌。2011年10月，湖南省岳阳市获评“中国黄茶之乡”。

2012年，岳阳市委市政府提出,要把岳阳黄茶产业作为农业和食品行业的重点产业来发展，致力将黄茶打造成为茶叶市场上最受欢迎的茶叶之一，同时，将黄茶打造为未来岳阳市的经济重心。

近年来，在岳阳市政府政策的全力支持下，岳阳黄茶产量节节攀升，产值也不断提高。2013年，岳阳市加工、销售各类茶叶4万吨，产值10多亿元，茶叶综合产值近45亿元。

2014年7月，岳阳黄茶正式纳入国家地理标志保护范围。获得“地理标志保护”，不仅标志着黄茶产业走入新篇章，更促进了岳阳城乡发展的新渠道，带领岳阳走得更远、更好。

·君山黄茶产业园产品展示厅

知识链接

君山银针

岳阳黄茶巅峰之作——君山银针全由未展开的肥嫩芽头制成，产于湖南岳阳城西洞庭湖中的君山岛。芽头壮实，挺秀笔直，色泽金黄光亮，称“金镶玉”，茸毫披露，汤色鹅黄明亮，冲泡后芽尖冲向水面，悬浮竖立，随后徐徐下沉于杯底。香气甜熟，滋味甜醇柔和，叶底全芽肥嫩、杏黄。

岳阳黄茶冲泡方法

岳阳黄茶散茶冲泡方法

（1）冲泡岳阳黄茶的水以清醇甘洌的软水为最佳，蒸馏水、纯净水次之。

（2）泡茶的水温以85℃左右煮沸过的水为宜。

岳阳黄茶茶艺

· 亮相

· 芙蓉出水

· 湘妃洒泪

· 龙泉吐珠

· 银针初探

· 针落无声

（3）首先在开水烫过的茶杯中放入5克岳阳黄茶，注入少量85℃左右煮沸过的水，稍等片刻，再注入水至离杯沿约3厘米即可。

（4）3~5分钟后，茶已泡好。

（5）冲泡之后，距鼻4~5厘米，随着缓缓升起的热气，感受岳阳黄茶千年贡茶的独特香味。

岳阳黄茶紧压茶冲泡方法

清饮：用特制的茶刀撬取适量（3~5克）的茶放入茶杯、茶壶或盖碗中，注入开水冲泡，20秒后将茶汤注入洁净的公道杯中，可根据茶汤颜色的深浅来均匀其浓度，以适合不同的口感，再将茶汤倒入小杯中，敬奉给客人品尝。

调饮：用壶熬煮，常用于家人饮用或款待亲朋。取适量的茶放入茶壶中熬煮，待熬出橙黄透亮的茶汁，再渗进鲜奶、奶酪等伴煮，等奶茶煮热，颜色为姜黄色时饮用，风味尤佳。

·湖边听涛

·风平浪静

·竹林摇曳

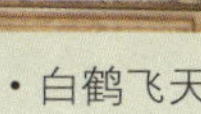

·白鹤飞天

·春色满园

·雀舌含珠　群笋出土

本产品未署名图片均由湖南省君山银针茶业有限公司提供

产品概况

产 品 名 称: 庐山云雾茶

国家公告号: 国家质量监督检验检疫总局2004年第181号

保 护 范 围: 庐山风景名胜区；庐山区海会镇、威家镇、虞家河乡、莲花镇、五里乡、赛阳镇、姑塘镇、新港镇；星子县东牯山林场、温泉镇、白鹿镇；九江县岷山乡现辖行政区域

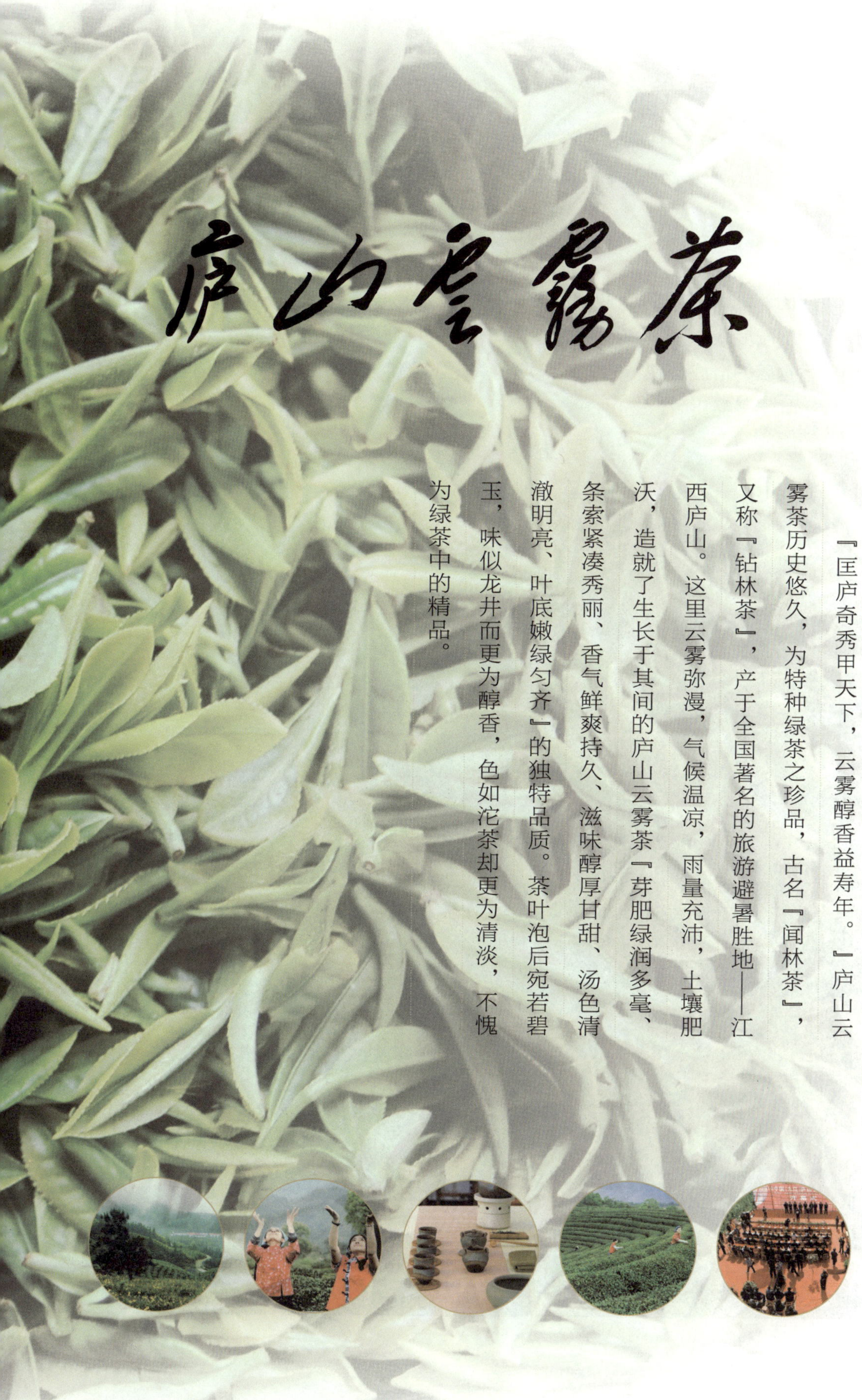

庐山云雾茶

『匡庐奇秀甲天下，云雾醇香益寿年。』庐山云雾茶历史悠久，为特种绿茶之珍品，古名『闻林茶』，又称『钻林茶』，产于全国著名的旅游避暑胜地——江西庐山。这里云雾弥漫，气候温凉，雨量充沛，土壤肥沃，造就了生长于其间的庐山云雾茶『芽肥绿润多毫、条索紧凑秀丽、香气鲜爽持久、滋味醇厚甘甜、汤色清澈明亮、叶底嫩绿匀齐』的独特品质。茶叶泡后宛若碧玉，味似龙井而更为醇香，色如沱茶却更为清淡，不愧为绿茶中的精品。

地理环境

庐山，北临长江，南迎鄱阳湖，植被茂密，泉水涌流，云雾蒸腾，四时不绝。庐山湿度大，雨量多，昼夜温差大的气象特征，有利于茶叶内含物质的积累及芳香物质的合成。独特的地理环境，奠定了庐山云雾茶的内在物质基础，从而形成了其特异品质。

庐山属于亚热带湿润山地气候，独特的气候环境特点造就了庐山云雾茶的特殊品质。一是云雾多，日照时数小，散射辐射多。云雾反射了太阳光中的长波光，透过了短波光，加快了茶树叶片内氨基酸和芳香物质的形成，造就了庐山云雾茶肥壮多毫、香高味浓、汤色澄绿、鲜甘耐泡的成品特色。二是雨量充沛，相对湿度大。庐山年均降雨量1800毫米，茶叶生产季节（4—10月）空气湿度达83%，十分有利于茶树新梢的生长，特别是昼夜温差大，茶叶积累大于消耗，内涵物质丰富，使庐山云雾茶具备芽壮叶厚、水浸出物多、氨基酸含量丰富等特点。三是年均温度偏低。据资料统计，庐山年平均气温11.5℃，特别是早春升温速度慢，使得茶叶持嫩性好，品质优。四是茶产地的海拔高度。庐山各处山峰海拔均在1000米以上，最高的汉阳峰海拔1474米，使茶叶的氨基酸含量高，味道醇厚。

• 曲径通幽　桂剡高 / 摄影

庐山拥有独特的棕色森林土，45厘米内均为棕色壤土，有机质层达18厘米，土壤有机含量极为丰富。土壤普遍酸性，氮的含量高达9%，磷达0.09%。生长在这种环境下的茶树新梢粗壮、叶色绿而叶质厚，芽叶开展慢，持嫩性强。

文化背景

庐山云雾茶原是一种野生植物，人工种植的历史已有一千多年。相传佛教净土宗始祖慧远，就曾在东林寺以自己栽种云雾茶款待诗人陶渊明和道长陆修静，相互“话茶吟诗，叙事谈经”，留下了我国佛、道、儒三教融合的“虎溪三笑”的佳话。

• 宋斌 / 摄影

• 茶席　九江市茶业产业协会 / 供图

及至唐代茶圣陆羽评庐山汉阳峰康王谷为“天下第一泉”、观音桥的招隐泉为“天下第六泉”后，庐山云雾茶更增添特有魅力。此后宋、明、清历朝都封庐山云雾茶为“贡茶”，进献朝廷。

文化积淀

庐山云雾茶历史悠久，依庐山名扬天下，历代文人墨客都留下了许多赞颂庐山云雾茶的优美诗篇。据《庐山志》记载，东汉时佛教传入我国，庐山梵宫寺院多至300余座，僧侣云集。他们攀危崖，冒飞泉，竞采野茶；在白云深处，寺院旁边，劈崖填谷，种茶树，采制茶叶。《庐山小志》卷十二《什识》中记载：“云雾茶山僧多种崖壁间，更有鸟雀衔籽坠生林谷，名闻林茶，色白香清，谷雨时采之最良……”

唐朝被贬为江州（今九江市）司马的诗人白居易迁居香炉峰挖药种茶，写下《香炉峰下新置草堂即事咏怀题于石上》一诗：“平生无所好，见此心依然。如获终老地，忽乎不知还。架岩结茅宇，斫壑开茶园。”在《重题》一诗中又说：“长松树下小溪头，斑鹿胎巾白布裘。药圃茶园为产业，野麋林鹤是交游。云生涧户衣裳润，岚隐山厨火烛幽。最爱一泉新引得，清冷屈曲绕阶流。” 白居易曾来庐山北香炉峰结造草堂，闲适隐居。他以“药圃茶园”为产业，甚至以茶代酒，终日饮茶吟诗，排忧自娱。

到了宋代太平兴国，庐山云雾茶已成为朝中贡品，颇有名气。《庐山志》卷十二“贡茶”中载：“宋太平兴国中，庐山例贡茶。山寒，茶恒迟，市之它邑充贡，贡民甚苦。”北宋诗人黄庭坚有诗句赞美庐山云雾茶，“我家江南摘云腴，落皑霏霏雪不如”。这里所写的“云腴”即指白而肥润的庐山云雾茶。

明代王思任在《游庐山记》中则说：“泉以轻妙，茶以白妙，豆叶菜以苦妙。”说明庐山茶以色白、即白毫多为佳。同为明代诗人的王世懋在游庐山时，赞美庐山云雾茶“金芽碧玉云中生，赞美桃李莫如君。五老峰下成绿海，茶香千里万年名”。

到了清朝，黄宗羲在《匡庐游录》中说：“一心（白石庵老僧）云：‘山中无别产，衣食取办于茶，……其在最高者为云雾茶，此间名品也。’白香山（白居易）药圃茶园为产业，信非虚语。” 清代李绂在《六过庐山记》一文中说：“山中皆种茶，循茶径而下至清溪，……僧以所携瓶盎，就桥下吸泉，置石隙间。拾枯枝煮泉，采林间新茶烹之，泉洌茶香，风味佳绝。”可见，到明清时，庐山产茶已很可观，为山民的生活来源之一。

品牌建设

庐山现有茶园面积五千余亩，布满山山峦峦。庐山云雾茶从昔日的“特供品”到今日“国礼茶”，向全世界展示着中国十大名茶的风采，续写着庐山的美丽未来。为进一步挖掘庐山云雾茶品牌底蕴，提升品牌价值，逐步形成“一牌多品、一品多级”的销售格局，近年来，广大茶叶工作者辛勤努力，狠抓技术改造，加强品牌建设，创立庐山云雾子品牌近30个，所生产的产品基本上通过了国家的绿色食品或有机食品认证并获得产品证书，取得了经济效益和社会效益双丰收。

·陈盛铎／摄影

·曹福群/摄影

2005年，庐山区茶叶协会成立，通过积极努力，以协会名义成功地注册了“庐山云雾茶”的商标，依法对庐山云雾茶商标进行管理和使用。“庐山云雾茶”商标的成功注册，不仅大大提高了庐山云雾茶的知名度，也为维护庐山云雾茶这一历史品牌的合法权益、打击假冒侵权提供了法律依据。2005年10月，在第二届中国国际茶业博览会名优茶评比中，庐山云雾茶一举摘得金奖桂冠，再度提升了庐山云雾茶的知名度和影响力；2010年荣获江西省茶业博览会金奖、山东国际茶文化博览会金奖，以10.99亿元的品牌评估价值位居全国83个茶叶区域公用品牌价值第13位。

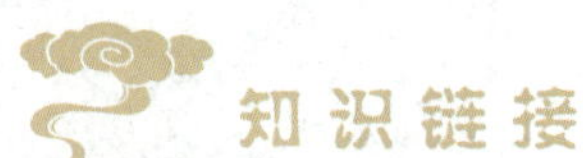

如何采制庐山云雾茶

1. 鲜叶的采摘：在清明前后，随海拔增高，开采期亦相应延迟到“五一”节前后，以一芽一叶初展为标准，长度在3厘米左右，严格要求不采紫芽叶、病虫叶、破碎叶、单片叶。采回后薄摊于洁净篾簸箕内，置于阴凉通风处，保持鲜叶纯净。

2. 炒制技术： 杀青—揉捻—炒二青（初干）—理条—搓条—做毫—烘干。

杀青： 在口径80厘米斜锅内进行，锅温160～180℃，火力均匀，投叶量500克左右，双手抛抖炒，先抖后闷，抖闷结合，叶变暗绿色，叶质地柔软黏手，梗弯曲折不断，时间3～5分钟，即出锅。

揉捻： 在圆簸箕（直径90厘米左右）内，双手回转滚揉或双手推、揉、抖结合，防止结块，揉到成条，茶汁揉出为止，揉时用力需轻，以免揉碎芽叶及揉掉白毫。

炒二青： 锅温100～120℃，双手捞起茶坯抖炒，锅温先高后低，捞尽抖散，防止粘锅焦叶，炒至茶条黏性减少，手握成团抛之即散即可。

理条： 四指并拢，拇指叉开成虎口，用手抓茶条和甩条方法，解散茶团，理直茶条，手势要松，切勿与锅面摩擦。锅温在70～80℃左右。

搓条： 锅温降至60℃左右，用双手心相对，手掌与锅面垂直，四指略弯曲，用手心向前搓揉，茶条自然散落锅内，使条紧结，固定条索。

做毫： 茶叶炒至八成干后，将茶条握入手中，利用掌力使茶条相互摩擦至茶条外表胶状薄膜擦破，白毫竖起而显露,用力柔和而均匀，免使断碎，要求白毫少脱落。

烘干： 茶叶八九成干后起锅，摊入二十六目（80毫米×90毫米）筛内，摊放均匀，送入烘。干灶内烘干，温度80℃左右，烘至手捻茶叶成粉末，含水量减少到5%～6%，摊凉，装箱。

储存方法

好茶必须要有好的储存方法，才能让好茶长期保留“味醇、色秀、香馨、汤清”的特点。

首先，在包装上要用铝箔袋包装，让庐山云雾避免光、防潮，以此来延续庐山云雾茶的香味、质感。

其次，控制好温度，一般来说保存庐山云雾茶的最佳温度是在10℃以下，如此可以保证茶叶的鲜叶和香味；另外，不能和其他任何物品混放，以免串味。我们可以把茶叶储存在冰箱里，但是需要注意一点，从冷库里拿出的茶叶不能立即打开，应在室内放置一下，否则会加速茶叶变质。

产品概况
产 品 名 称：峨眉山茶
国家公告号：国家质量监督检验检疫总局2009年第141号
保 护 范 围：四川省乐山市市中区、五通桥区、沙湾区、金口河区、峨眉山市、犍为县、井研县、夹江县、沐川县、峨边彝族自治县、马边彝族自治县等11个县（市、区）现辖行政区域

峨眉山茶

峨岗雄秀，山抹眉黛之痕；华夏仙居，岩养万物之珍。庙之珍在金顶，兽之珍在猕猴，树之珍在珙桐，饮之珍在茶茗。天开地设，峨山蒙山一脉；雨洗风梳，雪芽黄芽同根。自古峨眉产香茗。峨眉山以其『雄秀奇险』的山水风光、源远流长的佛教文化和人文景观孕育出了优质的峨眉山茶。峨眉山茶扁平直滑、嫩绿油润、清香高长、鲜醇甘爽、弥香久远。

地理环境

佛心乐山　大愿峨眉

乐山市地处四川省西南部，是四川盆地向西南山地的过渡地带，岷江、青衣江、大渡河三江汇流于乐山城东南，平均海拔500米，辖区面积12827平方千米。全市地形地貌总体趋势西南高，东北低，高低悬殊大，相对高差3981米。地貌有山地、丘陵、平原三种类型，以山地为主，其中山地、丘陵、平原分别占66.5%、21%、12.5%，呈“七山二丘一平”地貌特征。市境内峨眉山属剥蚀背斜褶皱断块山，主峰万佛顶海拔3099米，金顶海拔3079米。根据地质学勘定，受地壳运动影响，峨眉山抬升于早震旦纪后期，其地质运动史迄今已有5亿多年，贯穿于峨眉山地质运动过程中的古地质运动，鬼斧神工，造就了峨眉山典型的喀斯特地貌，雕凿出了峨眉山雄、秀、幽、奇、险的雄浑壮丽自然景观。峨眉山自然植被保存完好，植被覆盖率达87.2%。从山麓到山顶，其垂直带谱可分

·峨眉秋色

为常绿阔叶林、常绿与落叶阔叶混交林、针叶与阔叶混交林和亚高山常绿针叶林与灌丛草甸四个林带，其独特的自然环境，造就了峨眉山“巨大的植物宝库”和“天然的野生动物园”的美誉。

独特的地形地貌

由于峨眉山阻挡了北往南来的冷暖气流，使种茶区气候湿润、雨量充沛、相对湿度大、气候差异大，峨眉山区植被茂盛，形成了古楠柏杉以及杜仲、黄柏等乔木类药材及棕林、竹海等特征显著的林茶共生群落。天着地作的自然造法，为峨眉山茶的生长提供了实属罕见的不可复制的卓越生态环境，使峨眉山茶内含物十分丰富、茶叶氨基酸含量高，其滋味鲜醇甘爽、清香高长。

奇特的环境气候

峨眉山自然气候奇特，云雾多，日照少，属全国低值区，非常适合“茶宜高山之阴，而喜日阳之早”优质好茶对环境的要求。这种多雾少日照的气候形成了

• 峨眉三峰

峨眉山“高山云雾”的生态环境，为茶树提供了天籁般的生态环境和优越的自然条件，造就了峨眉山茶芽叶肥壮、质地柔嫩，干茶重实饱满、色泽嫩绿油润的固有品质特色。

优质的土壤环境

在峨眉山区海拔800～1500米的山地土壤，可谓沃土，土壤可耕层丰厚，内含天然有机营养肥料丰富，有益矿物群元素众多，造就了峨眉山茶水浸出物含量高、茶多酚含量适中、滋味醇厚、耐冲泡等品质特征。

文化背景

禅心净净　采供佛前

峨眉山茶史“始于楚昭，发于汉晋，兴于隋唐，盛名两宋”。在乐山市3000多年的文明发展史中，峨眉山茶及其茶文化占有相当重要的位置，它们同乐山儒、释、道文化组成了绚丽多彩且博大精深的文化大观。

乐山市最早茶事活动及生产可追溯到东晋年间。彼时，峨眉山中道、佛两大文化共存发展，已有相当的规模，道家与佛门弟子，均将茶事活动纳入修为课业，每年春天，大小寺庙及道观的道士与僧人都要适时采摘新茶焙而饮之。东晋蜀郡江原（今四川崇州市）人常璩著《华阳国志》中就记载：“南安（今乐山市）、武阳（今四川省彭山县）皆出名茶，多陂池，西有熊耳峡（平羌峡），南有峨眉山。”

至唐代，“峨眉雪茗”已成为中国十大名茶之一。唐显庆年间（655年）李善（630—689）所著《昭明文选注》也记载：“峨眉多药草，茶尤好，异于天下。今黑水寺（今万年寺）后绝顶产一种茶，味佳，而色年白，一年绿，间出有常。”在唐代，峨眉山的“白芽茶”被列入贡茶。

到了宋代，峨眉“雪芽”更是名声大噪，地方官府专门划定山林让道士、僧人进行茶事生产，位于峨眉山海拔500～1500米的众多寺庙和道观，都种植茶园。峨眉山茶事活动遂成较大规模，茶叶量多质好。宋代大文人苏东坡及弟携友游历乐

·万年寺

·乐山大佛

山大佛和峨眉山，留有“分无玉碗捧娥眉”之句。苏东坡尤喜峨眉山茶，认为汲峨眉山之玉液泉煮峨眉山茶，乃为上品善水而绝佳，并自制提梁壶，后人称“东坡壶”。至南宋乾道六年，陆游入蜀任嘉州通判，与峨眉山中峰寺别峰禅师结为知交后，尤喜品饮寺中峨眉山茶，并在诗中写道：“雪芽近自峨眉得，不减红囊顾渚春（顾渚春为唐、宋两代贡茶）。”

明神宗万历年间，由于明神宗朱翊钧与其母慈圣皇太后独尊峨眉山，明神宗曾御赐茶园数亩予万年寺，寺中僧众在当家主持的引领下，在寺侧开地建茶园近十亩，精心管理，每年采焙雪茗进贡。神宗之赏赐之物不为他物而独为茶园，峨眉山茶事之盛可见一斑。该茶园至今仍归万年寺所有，仍年年产茶。

新中国成立后，由于政府重视，万年寺、玉屏寺、普兴乡等地茶叶得到进一步发展，供销部门在这些地区建立茶园基地，峨眉山茶叶得到较快发展。

文化积淀

风推松林吼　茶烹千古雪

现代李镜书在《竹叶青茶赋（序）》中写道：“峨岗雄秀，山抹眉黛之痕；华夏仙居，岩养万物之珍。庙之珍在金顶，兽之珍在猕猴，树之珍在珙桐，饮之珍在茶茗。天开地设，峨山蒙山一脉；雨洗风梳，雪芽黄芽同根。挺纯姿以自然，承清露以擢茎，振芳条乎

·冬吟峨眉　冯重能／摄影

幽壑，敷绿采乎茂林。因有佛光施惠，云海抱衾，更兼高僧精制，入贡上京；故独具性灵，异于天下，代有承传，耀古辉今。竹叶青绝世清纯，玉碗里一潭氤氲。美茗美喻，形秀丽而色碧；曼妙佳妙，气馥郁而味醇。旅途困顿，料能爽齿慰舌；案牍劳形，几番醒脑提神。高新科技，提升传统品格；健康理念，观照现代人文。一叶入魂，嚣尘中得和寂心气；七杯过后，困惑里识宇宙乾坤。故有东坡捧碗，放翁敲诗，儒帅赐名，棋圣联姻。寒暑一色，乃有节而虚心；蜚声四海，缘品优而意诚。宏图大业，愿作环球之顾；平常心态，体察世味之真。锦夺高天，列列群峰崛起；园开博览，幽幽茶事铺陈。心境无涛，放眼翠岗绿树；相思有寄，满庭竹韵茗馨。俯察瓯中片叶，感昊苍之无垠；回眸云巅金顶，觉两腋之风生。有诗赞曰：玉瓯竹叶色青青，不让江南顾渚春。行遍天涯香韵远，茶烟袅袅蜀山魂。”

品牌建设

从有茶事活动至今近2000年，峨眉山茶已经形成了以竹叶青、雪芽、仙芝竹尖为代表的几个国内外知名品牌。

四川省峨眉山竹叶青茶业有限公司成立于1998年，是国家农业产业化重点龙头企业，全国著名的名优茶生产企业。目前定点茶园和无公害茶叶生产基地近40万亩，年生产各类名优绿茶3600吨。独家拥有着“论道”“竹叶青”“飘雪”“宝顶雪芽”等多个知名品牌。“竹叶青”先后获中国名牌农产品、中国驰名商标等称号。2007年，“论道·竹叶青”多次受邀TOP MARQUES，作为组委会邀请的唯一一个中国奢侈品牌，摩纳哥亲王阿尔贝更是向“论道”发出私人宴会和贵族鸡尾酒会的邀请。2010年6月，“论道·竹叶青”作为川茶代表入选上海世博会，成为昆宴的唯一指定茶叶品牌，也是世博会中华美食街的茶叶代表，并作为世博精品敬献各国政要及世博园馆长。除此之外，竹叶青作为中西方文化交流的代表，携手欧洲围棋大会，先后在2009年6月和2010年7月，将东方智慧带到了芬兰和荷兰。

峨眉山仙芝竹尖茶业有限责任公司创建于2002年，先后注册了“仙芝”“竹尖”“黑包山”“仙芝竹尖”等60多个防伪商标。公司生产的“仙芝竹尖”优质绿茶，以其优秀的品质，获世界食品行业最高奖——尤里卡金奖；连续被评定为四川名牌产品，中国名牌农产品，四川省十大名茶，四川省农产品知名品牌；“仙芝”商标于2009年被认定为四川省著名商标，同时仙芝竹尖茶也是全国首家茶叶行业质量安全溯源产品，填补了我国利用追溯体系进行茶叶质量安全监管的空白。

知识链接

（一）明前茶为什么好？

清明前因为天气比较冷，病虫害少，一是对茶叶的破坏小，茶形更完整；二是不需要打药杀虫，避免农药对茶叶的浸蚀。

由于天气比较冷，茶树生长非常缓慢，茶叶的生长期长，所积累下来的营养物质就多，经过一个冬天的积淀，所产的茶叶氨基酸含量和儿茶素，以及茶叶天然的香气比较丰富，营养价值高。

另外在四川峨眉山的气候条件下，清明前的茶叶本已很珍稀，产量也非常有限，如果是换在其他天气温暖的南方省市，茶树生长周期短，茶叶的营养积淀物就相对较少。

（二）佛门三道茶

寅卯、午未、戌亥为每天饮茶最佳时间。

第一道茶，为晨饮之茶，即寅卯时辰饮茶。这道茶需在“恭前饮用”。即如厕前清饮三杯，能够将杂陈于体内的毒素秽气清洗出去，起到去秽气下浊物的神奇茶疗效果。

第二道茶就是上午11点到中午1点之间饮绿茶两杯，能够起到防治口腔系统疾病，具有排毒养颜、明目醒脑的茶疗效果。

第三道茶，就不是用来喝了，是用来洗。每天睡前半小时用浓淡相宜的绿茶清洗面部，重点是眼部，能够排毒养颜，安神补脑。

本产品未署名图片均由乐山市质量技术监督局提供

产品概况

产 品 名 称: 安溪铁观音

国家公告号: 国家质量监督检验检疫总局2004年第91号

保 护 范 围: 福建省安溪县现辖行政区域

安溪鐵觀音

安溪铁观音属乌龙茶（又称青茶），以精湛传统的工艺制作，以及独特的『观音韵』而著称于世。产品色泽乌润，富有光泽，条索肥壮、卷曲紧实、沉重似铁，具有『青蒂绿腹蜻蜓头』的外形；汤色金黄或橙黄明亮；香气清香悠长；滋味醇厚甘鲜，饮之口中生津、齿颊溢香，素有『绿叶红镶边，七泡有余香』之美称。

地理环境

铁观音与安溪，注定是密不可分的。除拥有天生的娇贵妩媚，安溪铁观音对自然环境的苛求无与伦比。只有安溪，这片富饶多情的土地，才能以她独特的地理位置、气候条件、土壤环境，为安溪铁观音提供一个天然的温床。

安溪地处福建省厦门、漳州、泉州金三角结合部，位于戴云山脉东南部晋江西溪上游，地势西北高东南低，境内群山环抱，峰峦叠翠，千米以上高山有2935座，群峰林立，甘泉潺流，腹地免受海风侵扰之害，其地理环境甚为独特且少见，堪称为优美的自然景观。因地理环境的独特，造就了安溪铁观音产品色泽乌润，富有光泽，汤色金黄，滋味醇厚甘鲜，香气清香悠长等优异的品质。

安溪县属南亚热带海洋性季风气候，气候温和，雨量充沛，温度适中，年平均温度16～21℃，年日照时间长，大于等于10℃的活动积温在260天以上，全年四季分明，夏无酷暑，冬无严寒，相对湿度78%以上，具有相对低温、高湿和多云雾的高海拔气候特征。曾有谚语“四季有花长见雨，一冬无雪却闻雷”，人称安溪的气候“春末夏初，两热同步，秋冬两季，光湿互补”，湿润的气候十分有利于茶树的生长。相对低温，芽叶生长自然相对缓慢，有利于新梢组织中可溶性氮化物、氨基酸和芳香物质的合成；高山漫射光多，也有利于芳香物质的合成；昼夜温差大有助于光合产物的积累，使糖化合物、蛋白质、氨基酸和维生素含量增加。这样的独特气候，得以孕育出安溪铁观音香气清高悠长、滋味浓郁甘鲜的特质。

·叶景灿／摄影

安溪的铁观音茶园立地条件优越，土壤以山地砂质土壤为主，pH4.5~6，海拔在700米以下以红壤为主，海拔在700米以上以黄红壤与黄壤为主；土壤质地疏松，土层深厚，有机质含量较高，矿物质营养元素丰富，特别是土壤中锰、锌、钼含量较高，非常适宜茶树生长。

文化背景

安溪是全国著名的乌龙茶主产区，产茶始于唐末，兴于明清，盛于当代，已有1000多年的悠久历史。安溪茶农于清雍正年间发现铁观音品种，至今已有将近300年的种植历史。悠久的历史，独特的制作工艺和丰富的文化背景，形成了安溪铁观音特有的产品文化。

美如观音重如铁

关于铁观音的由来，一直流传着“观音托梦”（魏说）和“皇帝赐名”（王说）两种说法。两种说法相去甚远，却都有理有据，各有章法，也各有美妙之处。

·国家重点文物保护点——贤良祠（榕村书屋） 安宣／摄影

一是“魏说”。相传，清雍正三年（1725年）前后，西坪尧阳松林头（今西坪镇松岩村）老茶农魏荫（1703—1775），勤于种茶，又信奉观音，每日晨昏必在观音佛前敬献清茶一杯。一夜，魏荫梦见自己荷锄出门，行至一溪涧边，在石缝中发现一株茶树，枝壮叶茂，芬芳诱人。魏荫正想探身采摘，突然传来一阵狗吠声，把好梦扰醒。翌晨，魏荫循梦中途径寻觅，果然在观音仑打石坑的石隙间，发现一株如梦中所见的茶树，细加观察，叶形椭圆，叶肉肥厚，嫩芽紫红，青翠欲滴，异于他种。他喜出望外，遂将茶树移植在家中的一口铁鼎里，悉心培育，经数年繁殖，树干茁壮，树叶油绿。便适时采制，果然茶质特异，香韵非凡，视为家珍，密藏罐中。每逢贵客嘉宾临门，冲泡品评，凡饮过此茶的人，均赞不绝口。一天，有位塾师饮了此茶，问：“这是何好茶？”魏荫便把梦中所遇和移植经过，详告塾师，并说此茶是在崖石中发现，崖石威武胜似罗汉，移植后又种在铁鼎中，想称它为“铁罗汉”。塾师摇头道：“此茶乃观音托梦所获，还是称‘铁观音’才雅！”魏荫听后，连声叫好。

二是“王说”。相传，安溪西坪尧阳南岩（今西坪镇南岩村）仕人王士让，清雍正十年（1732年）中副贡，乾隆十年（1745年）出任湖广（今湖北）黄州府蕲州通判，曾筑书房于南山之麓，名为“南轩”。清乾隆元年（1736年）春，王与诸友经常会文于南轩，每于夕阳西坠，徘徊于南轩之旁。一日，见层石

• 安溪县蓬莱镇清水岩　刘伯怡／摄影

• 八马茶业 / 供图

荒园间有株茶树异于他种，遂移植南轩之圃，精心培育，茶树枝叶茂盛，圆叶红心；采制成品，乌润肥壮，气味超凡；泡饮之后，香馥味醇，沁人肺腑。乾隆六年，王奉召赴京，晋谒礼部侍郎方望溪，以此茶馈赠。方侍郎品其味非凡，便转献内廷。乾隆帝饮后，甚喜，召见士让询问尧阳茶史，以其茶乌润结实，沉重似“铁”，味香形美，犹如“观音”，赐名为“铁观音”。

茶技无双——独特的传统制作工艺

2008年6月，国务院公布第二批国家级非物质文化遗产名录，安溪铁观音（乌龙茶）传统制作技艺榜上有名。安溪铁观音（乌龙茶）传统制作工艺包含“三大阶段、十大工序”，其中技术核心“看天做青、看青做青”的整体水平和个性差异，形成了安溪铁观音的高端品质和千变万化。

安溪乌龙茶（铁观音）传统制作技艺是我国所有茶类中最高超、最精湛、最独特的制茶技艺。明末清初，安溪茶农发明创造了乌龙茶独特的半发酵制茶方法，并根据季节、气候、鲜叶等不同情况灵活“看青做青”和“看天做青”技术。其主要制作方法是：茶青在人为控制和调节下，先经晒青、凉青、摇青，使茶青发生一系列物理、生物、化学变化，形成奇特的“绿叶红镶边”现象，构成独特的“色、香、味”内质，而后以高温杀青制止酶的活性，之后再进行揉捻和反复多次的包揉、烘焙，形成带有天然的“兰花香”和特殊的“观音韵”的铁观音高雅品质。

·安溪西坪镇泰山楼　刘伯怡／摄影

文化积淀

安溪在千余年的种茶、采茶、饮茶、斗茶、卖茶的历史过程中，形成了独具特色的茶文化。

中国茶文化艺术之乡

安溪是中国乌龙茶之乡、世界名茶铁观音的发源地。安溪产茶的历史至少可以上溯至唐朝末期。宋代安溪民间已形成斗茶之风。“白茶特产推无价，石笋孤峰别有天”，宋代著名理学家朱熹在阆苑古刹题写的这副茶联，说明古代安溪茶质量之好，价格之高。

千年产茶历史中，在安溪，茶渗透到人民的生产生活，特别是衣食住行、婚丧喜庆、迎来送往的礼俗之中。

安溪茶文化是中华茶文化的奇葩，集历史、宗教、民俗、礼仪、文学、书画、音乐、舞蹈等为一体，茶艺、茶歌、茶谚、茶俗、茶联、茶戏、茶舞、茶王赛、茶书法、茶餐饮……植根茶乡沃土的安溪茶文化古老独特，绚丽多姿。

• 林文侨油画作品《茶乡新貌》 安溪铁观音集团／供图

海上丝绸之路的中国符号

泉州是海上丝绸之路的起点，茶叶、瓷器和丝绸，是泉州海上贸易的三大商品。宋代以来，安溪茶叶已经作为一种重要的出口商品，通过泉州、厦门，沿“海上丝绸之路”销往世界各地，安溪铁观音成为海上丝绸之路的中国符号。

在宋代，与安溪有贸易关系的国家就有58个，遍及今东南亚、西非、北非等地。明清时期安溪所产茶叶80%由厦门远销海外，对英国年输出量最多时达3000多吨。仅光绪三年（1877年）一年，英国从中国输入的乌龙茶就高达4500吨，其中安溪乌龙茶占40%~60%。随着大量闽南人的海外移民，安溪铁观音成为东南亚华侨华人的家居日常用品。20世纪70年代至90年代，日本多次刮起“乌龙茶热”，铁观音几乎成为乌龙茶的代名词，备受推崇。

茶的英文单词Tea，就来自安溪茶的发音。最早输入安溪茶的荷兰人，根据闽南人的发音，将茶译成拉丁语系的“THEE”，其他欧洲国家均仿效，这是安溪铁观音茶文化对于西方世界借助贸易关系进行的“文化元素输出”。

安溪铁观音不仅是海上丝绸之路的重要贸易物品，也是文化交流的重要组

• 赵九杰油画作品《安溪官桥茶厂》　安溪铁观音集团 / 供图

带。中国改革开放以来，一大批安溪铁观音龙头企业纷纷走出国门，把营销网店布局到法国、德国、美国、加拿大、新加坡、马来西亚等地。2014年，法国政府定制3000份安溪铁观音，作为中法建交50周年纪念茶，成为欧洲政府第一份国礼茶。安溪铁观音在国家“一带一路”建设中，将发挥越来越大的作用。

品牌建设

从2004年“安溪铁观音”被国家质量监督检验检疫总局认定为“国家地理标志保护产品”以来，经过长期积淀和砥砺发展，安溪铁观音创造出了令业界瞩目、令消费者青睐的品牌高度和市场效应。数据显示，在全国各大茶类中，安溪铁观音的传统市场占有率和电商市场占有率始终高居全国茶界第一，是名副其实

• 采青　八马茶业 / 供图

的中国第一茶。此外，安溪县更是连续六年名列全国重点产茶县首位，可以说，铁观音因安溪而生，安溪因铁观音而名，爱拼敢赢的安溪茶商携铁观音走向全国乃至全世界各个角落，更是创造了“无安不成市，无铁不成店”茶市神话。

安溪铁观音之所以能取得这样的成绩，跟当地政府、行业协会和企业的共同努力是分不开的。近年来，安溪县积极引导企业学习法国葡萄酒庄园生产经营模式，积极借鉴印度、斯里兰卡以及云南等地的茶叶基础管理经验，导入现代茶业经营理念，主动适应形势变化，先行先试，打造“安溪铁观音”大品牌。

十多年来，安溪被农业部命名为“中国乌龙茶（名茶）之乡”、安溪铁观音被国家列入地理标志保护产品。2011年，安溪被文化部认定为中国民间文化艺术（茶文化）之乡，2014年，安溪铁观音文化入选农业部重要农业遗产名录。

• 如意赛珍珠　八马茶业 / 供图

知识链接

冲泡小知识

冲泡安溪铁观音，通常使用白瓷盖瓯。也可使用紫砂壶、飘逸杯、办公用杯等用具，只要掌握正确的冲泡方法，同样可以很好地享受安溪铁观音的香和韵。

冲泡方法

冲泡安溪铁观音，要掌握三个要点：一是茶水比例：茶叶和水的比例一般为1：15左右；二是沸水冲泡：尽量选用矿泉水、山泉水，保持沸水冲泡；三是浸泡时间：第一遍浸泡60秒左右，就要倒出茶汤来品饮，以后每遍依次延长20秒左右。

冲泡品饮流程: 清具→置茶→热茶→冲泡→闻香→斟茶→品饮

清具: 用沸水烫洗茶具。

置茶: 按1：15左右的比例，将安溪铁观音茶放入盖瓯或茶壶中。

热茶: 提取沸水（山泉水、矿泉水、纯净水或自来水），冲入盖瓯或茶壶中，迅速将水倒出。

冲泡: 将沸水冲入盖瓯或茶壶中，刮去泡沫。

闻香: 浸泡40秒后，手持瓯盖或壶盖，深吸闻香。

斟茶: 浸泡60秒左右，将茶汤倒入茶海，平均分到小茶杯中。

品饮: 手持小茶杯，观色、闻香、品饮。

• 安溪铁观音叶底（浓香型） 刘伯怡 / 摄影

• 安溪铁观音（浓香型）叶底、汤色 刘伯怡 / 摄影

产品概况

产品名称：福鼎白茶

国家公告号：国家质量监督检验检疫总局2009年第32号

保护范围：福建省福鼎市现辖行政区域

福鼎白茶

天宝物华，瑞草白茶，茗分六类，萃乎其拔。白茶是六大茶类之一，制作过程不炒不揉，属于微发酵茶，成茶外表满披白毫呈白色，故称『白茶』。

福鼎白茶就是用产自福鼎『华茶1号』或『华茶2号』茶树的芽叶，不炒不揉，特殊工艺制作而成，具有外形芽毫完整，汤色杏黄清澈，滋味清淡、清甜爽口的品质特点。根据采摘芽叶的不同，白茶可分为：白毫银针、白牡丹、寿眉、新工艺白茶等，近年来，根据市场需要又推出紧压白茶等。

地理环境

福鼎位于福建省东北部，地处闽浙交界的东海之滨。自然生态环境良好，境内有国家重点风景名胜区、世界地质公园、国家AAAAA级旅游景区、国家自然遗产的“海上仙都”太姥山和“中国最美十大岛屿”之一的嵛山岛。

福鼎地势是西北高，东南低，地势呈东北、西北、西南向中部和东南沿海波状倾斜。除滨海一带有少数的低山、平地外，大多海拔在500～800米，乃至1000米以上。

气候条件属中亚热带季风气候区，海洋性气候特征明显，年平均温度18.5℃，年降雨量1669.5毫米，年相对湿度80%，山区平均无霜期228天。西南、西北部山区雨量较多，太姥山分布在境内东北部，终年云雾缭绕，年均降雨

· 重峦叠嶂　肖笛 / 摄影

量高达2112.3毫米。受晴川湾与沙埕湾等内海湾的影响，气候与全国其他产茶区不同，境内淡水资源丰富，有桐山溪、百步溪、九鲤溪、照澜溪等，水质十分优越，2011、2013年太姥山九鲤溪，发现了对水质要求十分严格的濒危物种中华桃花水母。

土壤有红壤、黄壤、紫色土和冲积土，pH为4.0～6.3，普遍在5.0左右，质地为壤黏土，有机质含量高达1.58%～2.33%。域内除沿海地带外，大部分土壤适合茶树生长。

文化背景

茶界专家张堂恒《中国制茶工艺》载：清嘉庆元年（1796年）福鼎茶农用福鼎菜茶的芽首创白毫银针。制作白茶方法就是日光萎凋，把采摘的新鲜茶树的芽叶进行生晒，这种制茶工艺与古老的制作中草药一样，因此，认为白茶的制作技艺有着悠久的历史。

白茶治麻疹

太姥山，旧称才山。相传尧帝时，才山下一农家女子，因避战乱，逃至山中，以种蓝为业，乐善好施，人称蓝姑。那年太姥山周围麻疹流行，山村里处处闻凄哭，山坡上日日添新坟，蓝姑那颗善良的心在流血。一天夜里，蓝姑梦见南极仙翁。仙翁发话："蓝姑，在你栖身的鸿雪洞旁，有一株树，名为茶，它的叶子晒干后泡开水，是治疗麻疹的良药，你赶快去采给乡亲们吧！"蓝姑惊醒，立即趁月色攀上鸿雪洞。她发现榛莽之中果真有一株与众不同、亭亭玉立的小树，便迫不及待地将树上的绿叶采下来。蓝姑日夜不停地采茶、晒茶，把茶叶送到每个山村，教乡亲们如何泡茶给患麻疹的孩子们喝，终于战胜了麻疹恶魔。岁去年夏，秋去春回，蓝姑从没有停过对乡亲们的帮助。晚年遇仙人指点，于农历七月七日羽化升天，人们感恩戴德，把她奉为神明，称其为太母，才山也因此名为太母山。到汉武帝时，派遣侍中东方朔到各地授封天下名山，太母山被封为天下三十六名山之首，并正式更名为太姥山。于是，蓝姑被人们尊称为太姥娘娘，太姥娘娘用白茶治麻疹的故事代代流传。

·茶师傅萎凋　陈兴华／摄影

福鼎白茶原产

《中国茶树品种志》载：福鼎大白茶原产地为点头镇柏柳村；福鼎大毫茶原产地为点头镇汪家洋村。福鼎大白茶和福鼎大毫茶分别被茶业界称为“华茶1号”和“华茶2号”，其中，福鼎大白茶母茶树依然生长在鸿雪洞附近，被福建省绿化委员会列入古树名木保护名单。民国卓剑舟《太姥山全志》卷九《说创叁丛话》载：“陈焕，竹林头人，光绪间孝子。家贫，一日诣太姥祈梦，姥示种绿雪芽可自给，焕因将山中茶树移植。初，年仅采四五斤，以茶品奇，价与金埒，焕家卒小康。自是，种者日多。至民国元年，全县产量达十万余斤。”陈焕是竹林头村人，竹林头村属柏柳村管辖的自然村。明末清初周亮工《闽小记》记载：“太姥山有绿雪芽茶。”《太姥山全志》对绿雪芽是这样诠释：“今呼为白毫，香色具绝，而尤以鸿雪洞为最，性寒凉，功同犀角，为麻疹圣药。售往国外，价与金埒”。

福鼎大白茶和福鼎大毫茶两个品种所产鲜叶是加工福鼎白茶的最佳原材料，它们都产自太姥山麓的林地里。

白茶制作工艺

白茶制作工艺：采摘清明前茶树的芽叶，摊放竹制的蔑芮上，进行日光萎凋。制茶师根据当日的气候变化进行调整，太阳刚升起、中午时光和日落时分，气候南风或北风天，都要调整蔑芮方向和萎凋的时间，尽量使茶叶自然失水，萎凋，然后用炭火低温烘焙干燥而成。

民国时期著名茶商梅伯珍（梅筱溪）是柏柳村人，是制茶高手。据现存梅伯珍在晚年时手记《筱溪陈情书》，福建“马玉记”白茶都是由梅筱溪提供的。1916年，福建的“马玉记”白茶荣获巴拿马万国会的金牌奖章，此款参展茶在2011年西泠印社春拍场上重现，其白毫银针茶叶上的白毫依然清晰可见。

福鼎茶人历经代代相传，制作白茶技艺十分精湛。福鼎茶厂生产的白毫银针，1982年被商业部评为全国名茶，在30种名茶中名列第二。2014年梅伯珍之孙梅相靖被评为国家级非物质文化遗产——福鼎白茶制作技艺传承人。

文化积淀

唐代陆羽著的《茶经》引用隋代的《永嘉图经》：“永嘉县东三百里有白茶山”。据陈椽、张天福等茶业专家考证，白茶山就是太姥山。说明早在隋唐，白茶就已出现。

2009年考古工作者在宋代吕氏家族墓的发掘中，发现了铜质渣斗里有30多枚极品白茶芽头，据专家推断，这些距今1000多年前的茶叶来源于福建福鼎。

明代田艺蘅《煮泉小品》中记载：“茶者以火作者为次，生晒者为上，亦近自然，且断火气耳。况作人手器不洁，火候失宜，皆能损其香色也。生晒茶沦于瓯中，则旗枪舒畅，青翠鲜明，尤为可爱。”田艺蘅所述的，正是白毫银针的制法——生晒，制作禁忌不用手直接接触茶叶，制作的功力不足茶叶的香气就会受损。白毫银针泡在瓯中，条条银针直立，汤色鲜明。

明末清初周亮工莅临太姥山，为福鼎大白茶母茶树题诗：“太姥声高绿雪芽，洞天新泛海天槎。茗禅过岭全平等，义酒应教伴义茶。”至今在鸿雪洞中留有摩崖石刻。

清代民国时期，白茶作为高端茶叶出口欧美，英国贵族阶层泡红茶时放入几根白毫银针，显示其珍贵。

进入21世纪，白茶得到英国凯特王妃的青睐，2009年英国王子世纪婚礼的结婚纪念茶就是用福鼎白茶配制而成。

·威廉王子结婚纪念茶　杨应杰 / 摄影

·品品香自主研发：全国首条日光节能型白茶连续化生产线

品牌建设

白茶的产量一直受气候和场地的制约，年生产量不上千吨。1962年，福鼎白琳茶厂王奕森等茶技师们，研制室内热风萎凋制作白茶，茶叶在室内人工萎凋方式，使白茶生产不受天气影响，产量有所增加；但白茶一直专门外贸出口创汇，以至于国内许多人都不认识福鼎生产的白茶。2007年，福鼎市政府确立福鼎白茶为公共品牌进行推广。2008年福建银龙茶叶科技有限公司研制“清洁化方式萎凋白茶”获得国家发明专利，并荣获福建省科技进步二等奖。2009年11月承办中国茶叶学会年会、中国茶业国际高峰论坛、首届中国太姥山禅茶文化国际研讨会等多项重要活动。2010年，福鼎白茶入选上海世博十大名茶。福鼎市政府承办首届全国中学生“我身边的地理标志产品”征文大赛，举办北京老舍茶馆福鼎白茶品茗会，福鼎白茶福州仲夏品茗会，“我眼中的白茶”主题文艺采风，全国百名作家看白茶、百名记者话白茶，福鼎白茶广告语征集等活动。2012年“福鼎白茶杯”第三届海峡茶艺电视公开赛在福鼎举办，拍摄了《太姥茶韵》茶文化系列剧；10月在福鼎召开第八届中国茶叶经济年会，全国各地的茶协会、茶叶界专家800人齐聚福鼎。2013年3月，海峡电视台《海峡名录》栏目拍摄电视专题纪录片《福鼎白茶》，6月，福鼎白茶形象广告：福鼎山水美，中国好白茶——福鼎白茶，在央视2套《第一时间》播出，央视1套和新闻频道《朝闻天下》栏目时段播出；央视纪录片《茶，一片树叶的故事》播出白茶制作场景和三位福鼎茶人。

• 杨应杰 / 摄影

知识链接

福鼎白茶有多种，挑选白茶主要认准茶叶白毫的显、白、粗壮等特点，这是福鼎白茶形成毫香蜜韵的明显特征。福鼎白茶原材料主要是福鼎大毫茶和福鼎大白茶，茶叶芽毫里本身含有多种营养物质。

福鼎民间流传着“一年茶、三年药、七年宝”的说法，白茶越陈越好喝。许多爱茶人士都在贮存和收藏白茶，收藏白茶要注意茶叶的含水率，如要长期储存白茶，含水率一定要控制在5%以下。储存环境必须是干燥、无异味、湿度在60%以下、常温的环境。白茶包装物可选用塑料膜和锡箔纸包装，也可用马口铁包装，还可以存放在密闭的陶制缸内。

·茶针　陈昌平 / 摄影

产品概况

产 品 名 称: 武夷岩茶

国家公告号: 国家质量监督检验检疫总局2002年第23号

保 护 范 围: 福建省武夷山市现辖行政区域

武夷岩茶

名山出名茶，名茶耀名山。素有『奇秀甲东南』美誉的武夷山属丹霞地貌，一座座雄峻挺拔的岩石山峰在蓝天白云下如同一片片燃烧的红色火焰，铺天盖地的红火间夹杂着一片片苍翠树林。峰岩下，是澄澈碧绿、萦绕回环的九曲溪；峰壑间，洁白的云雾缥缈沉浮，宛若人间仙境。在这块大自然赐予人类的风水宝地上，有一种生长在岩石缝隙里的茶，被人称为武夷岩茶，武夷岩茶属半发酵的乌龙茶，兼具绿茶之清香，红茶之香醇，其独具特色的『岩骨花香』之岩韵被称为乌龙茶中的珍品。从南北朝起，武夷岩茶走过了一千五百年的岁月，历史的车轮驶入现代，武夷岩茶又迎来了新一轮的腾飞。

地理环境

武夷山坐落在福建武夷山脉北段东南麓。碧水丹山，飞翠流霞、三十六峰、九十九岩、三溪九涧十三泉、峰峦竞秀，溪涧争流。武夷山岩峰、山地、丘陵较多，西北地势高，且群峰耸立，能阻挡北部寒流的侵袭，气候温和、冬暖夏凉，年平均温度18～18.5℃，无霜期长，年降水量在2000毫米左右，年平均相对湿度在80％左右，多雾形成大量散射光，四周群山环抱，既无冻害，又无风害，具有亚热带气候特征。三条溪流和峰峦、丘陵相互交错，形成独特的微域气候，空气湿润、多雾。茶园主要分布在500米以下的丘陵低山、群峰环抱和山坑岩壑之

中。武夷山土壤属亚热带常绿阔叶林山地土壤，部分茶区的土壤为火山砾岩、红砂岩及页岩，土壤中许多植被残体遗留土中日益堆积，使表层腐殖质层较厚，有机质含量高，pH5～6，非常适合栽茶。

武夷岩茶承丰壤之滋润，受甘露之霄降，岩峰沟壑、幽涧清泉，烂石砾壤，迷雾沛雨，独享大自然之惠遇，故其品质特别优异。可谓“孕灵滋雨露，钟秀自山川”，唯灵山才能产灵草。独特的、有利于茶树生长发育的气候、土壤、水分、植被优化组合的自然条件，为茶叶的生理和生化过程物质代谢创立了稳定的生态环境，这些都造就了武夷岩茶鲜叶优异的自然品质。

·武夷岩茶茶园　邱汝泉／摄影

文化背景

1100多年前，唐朝的孙樵所做《送茶与焦刑部书》是福建最早记录茶事活动的茶文。1302年，元大德朝廷索性在武夷山九曲溪畔建御茶园，每年惊蛰季节，地方长官崇安县丞都要来此主持“喊山台”仪式，以祭祀茶神。明代“罢造团茶，改进散茶”的诏令促使武夷茶生产工艺发生了根本性变革，清代先后创研出乌龙茶和红茶。

从宋代起，武夷茶走过了458年的贡茶岁月。据明朝王应山的《闽大记》说：“茶出武夷，其品最佳，宋时制造充贡”。明朝万历三十五年（1607年），武夷茶首开茶叶贸易先河。工艺的创新发展和突出的贸易地位，使武夷茶在清代进入了一个快速发展的时期。在武夷山下梅古村村口可看到一块石头纪念碑“晋

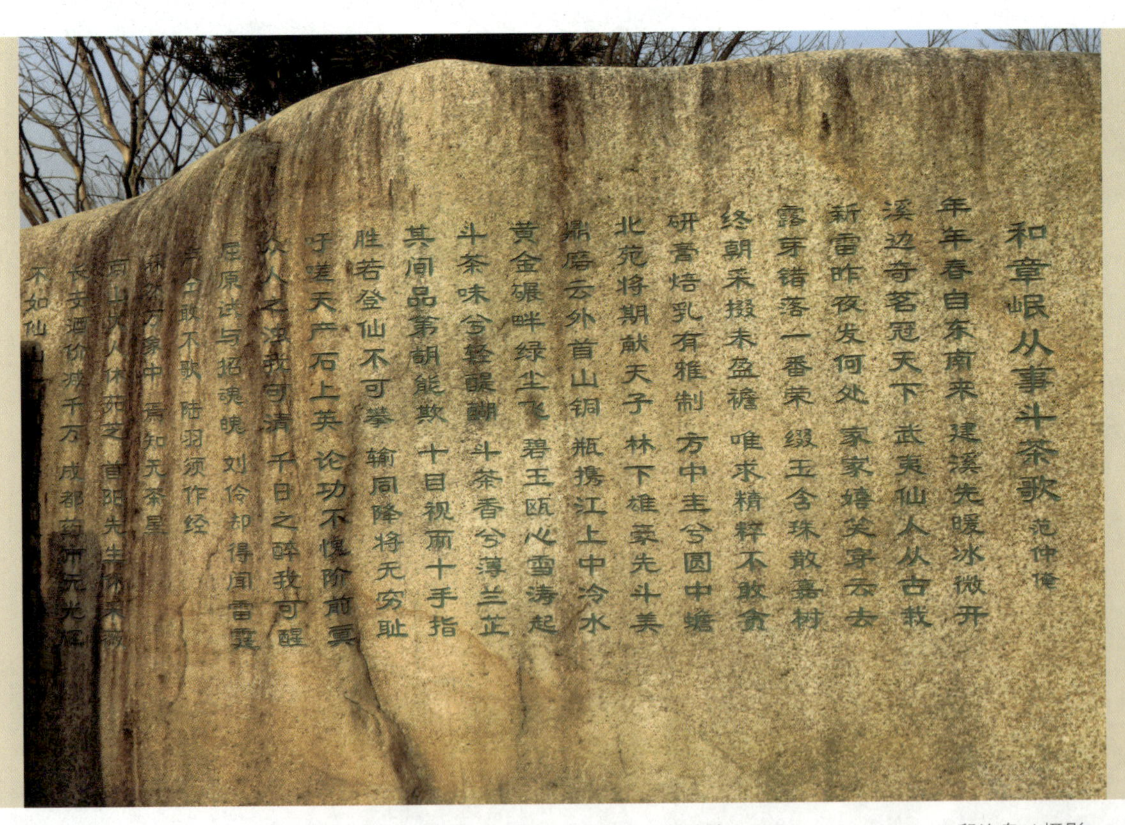

·《和章岷从事斗茶歌》作者北宋文学家范仲淹　　邱汝泉／摄影

商万里茶路起点”。“万里茶道”是一条始于18世纪末，繁荣两个半世纪的国际茶叶贸易古通道，这条古商道从中国福建武夷山下梅乡为起点，经过江西、湖南、湖北、河南、山西、内蒙古向北延伸，穿越蒙古戈壁草原，抵达蒙俄边境的通商口岸恰克图，然后由东向西延伸，横跨西伯利亚，继而通往欧洲和中亚各国，全程13000千米，是与汉唐“丝绸之路”、西南“茶马古道”、宋元“海上丝绸之路”齐名的一条中西方物质文化交换国际贸易大通道。中国的茶文化就是通过此道传遍世界各地。2006年，武夷岩茶（大红袍）手工制作技艺正式列入首批国家级非物质文化遗产名录，成为唯一入选的茶类，并开始申报世界非物质文化遗产。在品种繁多、制茶工艺五花八门的泱泱茶叶大国中独占鳌头，实属难能可贵。

·武夷山茶博园一角　邱汝泉／摄影

文化积淀

武夷岩茶至今已有1500年历史，被列为我国十大名茶之一。有关资料显示，范仲淹、苏东坡、徐霞客、袁枚、郭沫若、赵朴初等无不对武夷岩茶赞赏有加。

据当代茶叶专家陈椽等考证，武夷岩茶最早的文字记载见之于唐朝孙樵写的《送茶与焦刑部书》。孙樵在赠送武夷岩茶给达官显贵的一封信札中写道："晚甘侯十五人，遣侍斋阁。此徒皆请雷而摘，拜水而和。盖建阳丹山碧水之乡，月涧云龛之品。"

孙樵在这封信中，把出产在"建阳丹山碧水之乡"的茶，用拟人化的笔法，美称为"晚甘侯①"。"碧水丹山"是南朝作家江淹对武夷山的赞语。当时崇安尚未建县，武夷山属于建阳县，故信中称"建阳丹山碧水"。因此说孙樵所送的茶乃武夷山所产。

据记载晚唐进士徐夤亦对武夷茶倍加赞赏，并写下了"臻山川精英秀气所钟，品具岩骨花香之胜"的评语。北宋范仲淹在《和章岷从事斗茶歌》中曰："溪边奇茗冠天下，武夷仙人自古栽，"诗句将武夷茶比作仙茶，为天下第一。

品牌建设

2002年"武夷岩茶"获得国家质量监督检验检疫总局批准成为福建省第一个地理标志保护产品，此后，"武夷山大红袍"的品牌形象逐步确立。2006年"武夷山大红袍"被农业部中国名牌农产品推进委员会评为首批中国名牌农产品，成为福建省唯一上榜的茶品牌；2007年母树大红袍送藏国家博物馆，成为国家博物馆收藏的首份现代茶叶，大红袍首次敬献天安门国旗护卫队；2007年武夷山市作为福建省唯一代表在中国质量万里行出征仪式、2009年在全国地理标志产品保护工作10周年纪念会、2011年在北京召开的中法食品及地理标志交流高峰论坛作典型发言，几次典型发言在全国引起了很大反响。2009年，武夷山市也获得中国茶文化艺术之乡、全国三绿工程茶业示范县、全国绿色食品原料（茶叶）标准化生产基地等含金量较高的荣誉。此外，每年一次在武夷山承办的

① 晚甘：甘香浓馥，美味无穷之意。侯：用尊称。

·武夷岩茶工艺流程（萎凋） 邱汝泉／摄影

海峡两岸茶业博览会以及武夷山大红袍顺利入驻上海世博联合国馆，进一步提升了武夷茶品牌影响力。

以“浪漫武夷，风雅茶韵”为主题的“茶旅整合营销”大红袍母树停采留养、绝版母树大红袍送藏国家博物馆、晋商万里茶路起点揭碑、哥德堡号访穗结缘“海峡两岸茶业博览会”永久举办权的取得、央视《武夷茶文化》的拍摄……近年来，武夷山投入5个多亿，围绕茶叶展开一系列文化创意活动。以大红袍为代表的武夷茶成为武夷山最具魅力的文化符号，吸引着越来越多的海内外人士前来武夷山旅游品茗。与此同时，武夷山茶产业链也由第一产业茶叶生产向第二产业茶饮料、茶叶深加工和第三产业茶文化、茶艺、茶馆、茶旅游等方向延伸和扩展。武夷茶正以王者归来的气势，铸就传奇。

武夷岩茶的制作工艺和产品分类

武夷岩茶的制作工艺分为初制和精制两大部分。初制工艺为：采摘—萎凋—做青—杀青—揉捻—烘干—毛茶。毛茶经审评归堆后进入精制工艺：毛茶—捡剔—分筛—复捡—扬簸—匀堆—烘焙—精茶—包装—上市。武夷岩茶按国家标准分为五类：大红袍、肉桂、水仙、名枞和奇种。

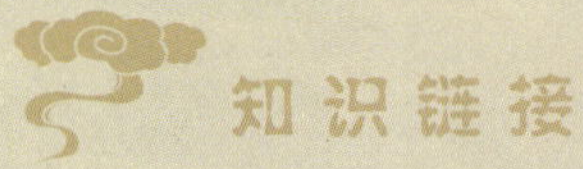

武夷岩茶的冲泡方法

备水: 冲泡用水需符合国家饮用水标准，且为中性软水。如矿泉水、纯净水和洁净的山泉水、井水等。水需现开现泡，水温以95℃以上为佳。

备具: 冲泡的专用茶具：茶盘、盖杯或紫砂壶、公道杯、小杯若干个、烧水用具等。

冲泡流程: 烧水—温杯—投茶—冲水—出水—分茶—品茶；重复（冲水—出水—分茶—品茶）；中间穿插鉴赏干茶外形色泽、干茶香、杯盖香、水中香、瓯底香、茶汤色泽、茶汤滋味等。冲泡要点掌握“好水、沸水、快出水”、茶水分离、茶汤热饮等。

投茶量: 冲泡壶具容积的1/2左右。依个人喜好浓淡进行调整：喜淡者少些，为冲泡壶具容积的1/4~1/2；喜浓者多些，为冲泡壶具容积的1/2~3/4。

浸泡时间: 1~3泡浸泡几秒至十几秒，以后每加冲一泡，浸泡时间延长30%~50%。浸泡时间的调整原则为前3~5泡的汤色基本一致，且可冲7~10余泡。

浓淡调整: 最好用投茶量进行调整，也可用浸泡时间来调整。若因浸泡过久、茶汤过浓，也可直接冲兑开水后饮用。冲泡次数与浸泡时间有重大关联，浸泡时间越长、冲泡次数越少。

· 武夷岩茶（大红袍） 邱汝泉 / 摄影

产品概况

产 品 名 称：日照绿茶

国家公告号：国家质量监督检验检疫总局2006年第43号

保 护 范 围：山东省日照市的东港区、岚山区、莒县、五莲县现辖行政区域

日照绿茶

日照是世界茶学家公认的三大海岸绿茶城市之一，独特的自然环境、优越的地理条件、良好的空气质量以及湿润的海洋气候，孕育了日照绿茶『汤色黄绿明亮、栗香浓郁、回味甘醇、叶片厚、滋味浓、香气高、耐冲泡』的独特品质，被誉为『江北第一茶』。

地理环境

碧海蓝天独特生长环境

日照——北方绿茶之乡，地处黄海之滨，自古被称为“日出先照”之地，因港连陆桥而显要，以“蓝天、碧海、金沙滩”而名扬中外。64千米的海滩沙细岸阔，绵延万顷，境内有4A级鲁南国家森林公园，山形秀美、景色壮观，有其秀不减雁荡的五莲山，有天下第一银杏树的浮来山，有江北最大的万亩生态茶园。曾先后荣获“中国优秀旅游城市”“国家园林城市”“生态示范城市”称号，是“水上运动之都”，被誉为“东方夏威夷”。2009年，日照以其卓越的人居环境，荣膺“联合国人居奖”殊荣。

日照市气候属暖温带季风气候，四季分明，雨热同季，冬无严寒，夏无酷暑，年平均气温13.3℃，年降水量870毫米，年相对湿度72%，年平均日照时数2503小时。日照市的气温和地温变化慢，非常有利于茶树的生长和营养物质的积累。日照市地形复杂，主要由甲子山、五莲山、浮来山等山系组成的低山缓坡丘陵为主，多山和向阳坡。土壤主要为花岗岩、正长岩、片麻岩等酸性岩石风化而形成的棕壤土及砂壤土，属于酸性土壤，土层较厚，地力肥沃。河流、水库较多，水资源丰富，有较好的灌溉条件，非常有利于茶叶的生长和越冬。日照市是全国生态示范区建设试点城市，大气质量达到国家一级标准，为生产有机茶、“无公害茶”提供了优良的环境条件。

·靓丽海滨　崔玉峰／摄影

· 生机　圣谷山茶业／供图

文化背景

五莲山神茶的传说

相传，在鲁东南黄海之滨有五座相连的大山——五朵山（即五莲县境内的五莲山）。有一条火龙盘旋在此，因火龙作怪，山上寸草不生，一片荒芜，连田里的禾苗全都枯死，苦坏了老百姓。一日，八仙路过五朵山，眼看人间颗粒无收、生路断绝的惨景，八仙决定除掉妖怪，造福百姓。火龙被消灭后，五朵山上树木葱茏、鸟语花香、硕果累累。荒山变成了人间仙境，山神巡山时，在山顶天竺峰的石缝里发现一粒种子，山神想把它种到土里，却无论如何也拿不出来，只好捧来山土将种子掩埋起来。八十年后，这颗种子长成一株野茶树，树干有碗口粗，而且枝繁叶茂、清香扑鼻，被当地人称为“神茶”。山神用土石塑造了一只“手掌”箍住茶树，防止其倒下，人们感念山神，将此掌称为“仙人掌”。几千年过去了，这只手掌依然在树下托着神茶。

到了明代万历年间，四川高僧心空和尚云游至五朵山，五朵山层峦耸翠、山清水秀，心空流连忘返，遂造庙定居下来。不久，万历皇帝的母亲李皇太后患眼疾，双目失明，宫廷御医皆束手无策，无奈之下张榜天下寻求名医。心空不仅精通医术，而且胆识过人，他冒险爬上悬崖，从神茶树上采下几枚叶片，配成药方，赶赴京城，治愈太后眼疾。神宗大喜，传下旨意：耗银万两，敕建五莲山护国万寿光明寺，并改五朵山为五莲山。寺院建成后，心空任主持，广收门徒，讲经授法，五莲山香火兴旺，寺庙逐日昌盛。心空圆寂后，寺庙每日采摘一片神茶熬制成汤，供奉心空。后来，寺庙僧人引种神茶树，精心栽培终于成功，将采撷的嫩芽炒制成禅茶，供寺院僧人饮用、招待施主或作为结缘礼品。一时间人们争相到寺院求取禅茶。

· 鲜叶　圣谷山茶业 / 供图

日照绿茶何以香飘万里

由于日照独特的地理环境条件，日照茶树与南方茶树相比，生长期较长，病虫害少，叶片肥厚，水浸出物较多，各种营养成分比例协调。儿茶素、氨基酸的含量分别高于南方茶同类茶品13.7%、5.3%，其中，氨基酸含量最为突出，正常条件下为江南绿茶的2倍左右。

日照绿茶具有“叶片厚、内质好、滋味浓、香气高、耐冲泡”等特点，香气、滋味、汤色、匀整度等感官均优于其他绿茶，尤其是香气和口感的鲜爽度远远优于南方绿茶，具有优良的品质和鲜明的地域特点。日照绿茶还兼具“绿、香、浓、净”之特征。“绿”，即干茶色泽翠绿油润，汤色黄绿明亮、叶底嫩绿鲜活；“香”，即茶叶干贮时清香诱人，冲泡时栗香高长；“浓”，即滋味浓醇干爽，经久耐泡，余味回肠荡腑；“净”，即纯天然无污染。

日照绿茶特殊的香气，对中枢神经的疲劳有很好的缓解作用，其生津指数远远高于其他饮品；日照绿茶中的茶多酚类物质能显著提高SOD活性，清除人体新陈代谢过程中产生的过剩自由基，预防细胞老化；日照绿茶中的儿茶素具有抗菌消炎、降低胆固醇、预防心脑血管疾病等功效；日照绿茶含有茶碱及咖啡因，具有提神功效，并能减少脂肪细胞堆积。日照绿茶茶多酚高于其他茶叶，健胃利尿、去油腻、促进消化效果明显；此外，日照绿茶中的儿茶素类物质能抵抗UV-B所引发的皮肤癌，具有防紫外线照射和美白功效。

• 鲜叶　圣谷山茶业 / 供图

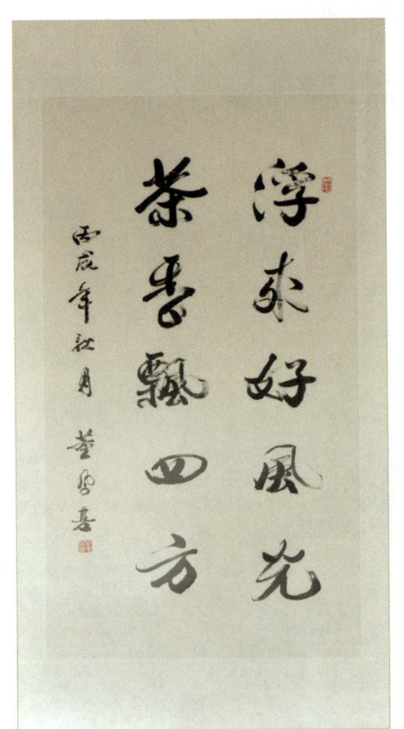

· 董凤基题

· 陆懋曾题

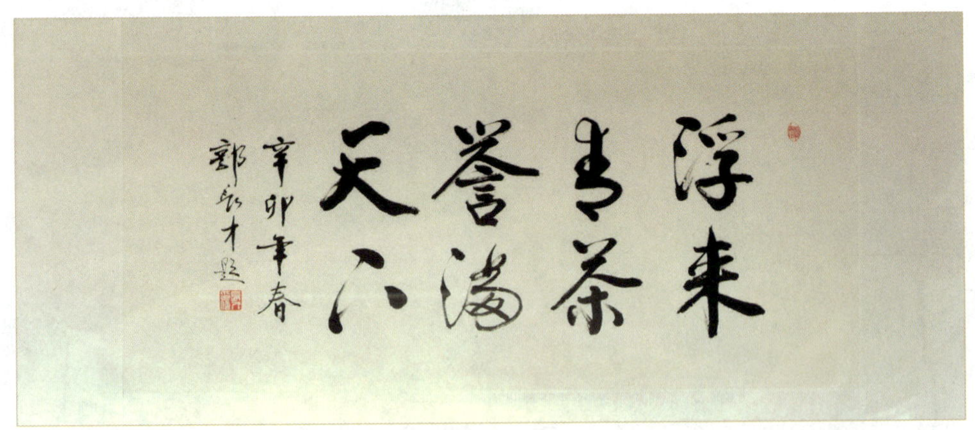

· 郭长才题

品牌建设

绿茶文化与旅游联姻　打造旅游观光新景点

立足日照市独特的生态资源优势，结合多年的种茶历史和博大精深的茶文化，日照市政府全力打造观光茶园旅游精品项目，让采茶、制茶、卖茶同文化、旅游联姻，把更多的游客吸引到茶园来，大力发展采茶、炒茶、品茶一条线。

日照御青茶业斥资3000万元（三期工程总投资将达1.3亿元），总占地500余亩，建成江北地区最大的茶叶生态自采游风景区——御青茶博园，集自然景观、绿茶生态自采游、茶文化体验、民间茶艺表演于一体。游客通过亲自采茶、制茶，充分了解茶叶生长习性及种植加工工艺；通过品茶、欣赏各类表演（川剧变脸、长嘴壶茶艺、白族茶艺、江北绿茶茶艺）感受纯正的中国文化。御青茶博园以其独特的江北文化生态体验游，与日照碧海沙滩和如洗的蓝天融为一体。通过御青茶博园风景区、御青茶艺学校、御青中医药研究所、御青茗茶社体验式营销系统的建立，将传统的店内品茶体验拓展到生态茶园采茶、炒茶、茶艺欣赏、茶文化主题演出欣赏、现代化茶厂参观、健康饮茶科普宣传等诸多领域，变片面体验为全面立体化体验，让顾客真正从体验中得到乐趣和知识。

• 摊晾　圣谷山茶业 / 供图

如何泡出健康来

茶叶是有灵性的，从培育茶树，到采摘、炒茶、制茶，每一步都饱含着茶农对茶的呵护。茶魂深深地根植于泥土之中，它存在于茶树上的露珠、采茶姑娘的歌声和茶农手上的老茧之中。遵从茶的本性，返璞归真，才是茶文化的精髓。

水的选择：古人曾云“茶性发于水，八分之茶，遇十分之水，茶亦十分矣；八分之水，遇十分之茶，茶只八分”。水的硬度直接影响茶汤的色泽和茶叶有效成分的溶解度，硬度高，则色黄褐而味淡，严重的会味涩以致味苦。用水，应是软水。所谓“山水上，江水中，井水下”等，终不过是要求水甘而洁，活而新。一般来说，以泉水为佳，洁净的溪水、江水、河水也可以，井水则要视地下水源而论。一般家庭使用滤水器过滤后的水，也勉强可用。

水温：水温通过对茶叶成分溶解程度的作用来影响茶汤滋味和茶香。绿茶用水温度，视茶叶质量而定：高级绿茶，特别是各种芽叶细嫩的名绿茶，以80℃左右为宜，茶叶愈嫩绿水温愈低，水温过高易烫熟茶叶，茶汤变黄，滋味较苦，水温过低，则香味低淡。至于中低档绿茶，则要用100℃的沸水冲泡，如水温低，则渗透性差，茶味淡薄。

用量：茶叶用量主要影响滋味的浓淡，并没有一个统一标准，视茶具大小、茶叶种类和各人喜好而定。一般来说，冲泡日照绿茶，茶与水的比例大致是1：50至1：60。严格的茶叶评审，绿茶是用150毫升的水冲泡3克茶叶。

茶具：冲泡绿茶，比较讲究的可用玻璃杯或白瓷盖碗。大瓷杯和茶壶，适于冲泡中低档绿茶。玻璃杯比较适合于冲泡高档茶，可观察到茶在水中缓缓舒展、游动、变幻。比如，日照绿茶毛峰，冲泡后芽尖冲向水面，悬空直立，然后徐徐下沉，如春笋出土，似金枪林立。上好的绿茶毛峰，可三起三落，极是美妙。相比于玻璃杯，盖碗保温性好一些。总体来说，无论玻璃杯或是盖碗，均宜小不宜大，大则水多，茶叶易老。

·崔玉峰／摄影

产品概况

产 品 名 称：炉霍雪域俄色茶

国家公告号：国家质量监督检验检疫总局2010年第112号

保 护 范 围：四川省炉霍县仁达乡、斯木乡、宜木乡、泥巴乡、旦都乡、雅德乡、新都镇等7个乡镇现辖行政区域

炉霍雪域俄色茶

炉霍雪域的山峰婀娜多姿，河谷迂阔多变，俄色树傲立于神秘的雪域高原。成熟的俄色果，如同一个个雪域精灵跳跃于枝头。在这恋歌回响的神秘炉霍，茶香袅袅，渗透着川藏文化的韵味，体味着天人合一的雅致境界。看茶起茶伏，如品人生百态。

炉霍雪域俄色茶，其形似针松，细嫩弯曲；其色嫩绿，光泽清澈；其味清香甘洌，回味悠长；汤色嫩绿，茶香甘醇，淡雅宜人。

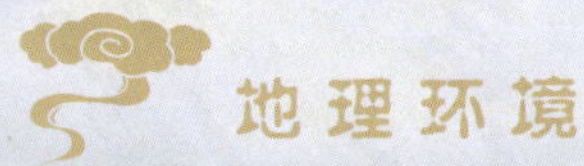

地理环境

崇尚自然　祥和炉霍

炉霍县位于四川省西北部、青藏高原东南缘，距成都657千米。东连道孚县，西接甘孜县，南邻新龙县，北靠色达县。东北与阿坝州毗邻，距州府康定290千米。历代为去藏抵青之要衢和茶马古道之重镇。

炉霍古称“霍尔拉鄂”，素有“中国青藏高原生态茶之都”“中国藏族唐卡艺术之乡”“中国川西藏族山歌之乡”“石棺王国”等美誉。隋唐时期，炉霍属于附国。唐贞观十二年，吐蕃东侵，始称“霍尔章谷”，或称“霍尔巴”。霍尔章谷地处霍尔五部的核心地带，扼东西之咽喉，镇南北之要冲。在藏语中“霍尔”意指蒙古人，“章谷”意为山岩石上。因霍尔章谷土司的官寨处于山岩上，系蒙古族后裔,故称“霍尔章谷”。相传太阳与月亮河汇成鲜水河的三河两岸，由玛雅牧羊人、色琼札人、霍尔嗣氏人组建了槃木王族联盟。这个崇尚白螺的部族联盟，吹响了白螺，号称“旺汤甲布槃木霍尔巴”。“霍尔巴”和“霍尔柯”的名称由此而来。元明以来，炉霍及周边地区又称“霍尔五都”。清光绪二十三年（1897年）置屯时取名“炉霍”，因打箭炉至霍尔为入藏要道，故名。一个非常崇尚自然的古老部落，安详而包容地在此穿越了千万年的历史。雪域俄色茶就是生长在这样自然、祥和的文明之地。

恋歌回响　神秘炉霍

炉霍森林资源丰富，草地广袤，雪峰婀娜多姿，河谷迂阔多变，气候和风景都非常宜人。猂、鹿、扭角羚、苏门羚、猴、豹、野猪、旱獭、水獭、狼、狐、马鸡、盘羊等野生动物在此繁衍生息；冬虫夏草、贝母、党参、黄芪、大黄、赤芍、姜活、秦艽、贝母、雪莲、一支蒿等名贵中草药长满林间草地。

在炉霍，处处留存着神秘的印记，闪烁着远古文明的光辉；数千年的古迹见证着这条历史走廊的兴盛。时至今日，这里的千年古树盘根错节，透露着浓浓的生机；这里既有雪峰山脉的雄壮、原始森林和草原的幽静，还有湖泊的清秀；这里有蓝天白云、神山圣湖、花海草原。这里的人们对故乡的热爱，对自然万物的

尊重与呵护甚至超越了生命。当远方的客人和朋友来到炉霍，耳边就会响起一曲炉霍恋歌：“太阳最初升起的地方，有一片神奇的土地。鲜水河是阿爸长久的期盼，卡萨湖是阿妈永远的柔情……”

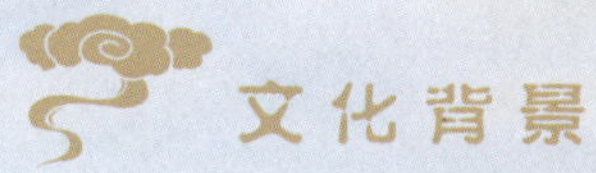

文化背景

悠远藏茶文化　俄色千古飘香

神秘的雪域高原因其独特的地理环境孕育了千百种神奇的高原植物，雪域俄色树便是其中重要的植物之一。关于俄色树，在炉霍民间有一个古老的传说，相传在人类出现之初，有造物神阿布姜庚到人间创世，创造了大地的山、水、土地、草原，以及人、鸟、兽、牲畜。传说阿布姜庚在创造高原炉霍的时候，被壮美、秀丽、梦幻的美丽景色所吸引，便决定长期生活在这片土地上。时光漫漫流逝，千百年过去，炉霍已经在阿布姜庚的创造下，越发秀丽和灵动。但由于长期生活在高原，在一个雪天，寒冷的气候终于使阿布姜庚倒在了茫茫白雪中。朦胧中，他看见了一只从未见过的小鸟掠过头顶，小鸟口中衔着几片树叶，停在了阿布姜庚的身边，鸟儿把口中衔着的树叶放在他嘴里，顿时，一丝清凉传遍阿布姜庚全身，慢慢地，阿布姜庚苏醒过来。为了确保高原子孙能生存下来，阿布姜庚历经艰辛终于在海拔3000～3500米的地方找到了这种树叶，并谓之“俄色树”（扎巴兴）。此后，雪域人民在阿布姜庚和俄色树的护卫下，克服了高寒恶劣的地理环境，生生不息。

虽然这只是一个古老的传说，但在这充满神灵和夹杂着浩瀚神话的传说中，人们能追寻一幕幕历史的片段。千百年来的远古文明仿佛已经渐渐被磨灭，高原走廊的古香亘色也仿佛已无人问津，唯有俄色树仍久久屹立于雪域，看时代变迁，岁月沧桑，保留着远古文明的那一抹傲骨。

·陈勇／摄影

如今的俄色树在雪域人民的悉心培植下，越发枝繁叶茂，其树木主干粗大，多分枝，叶面呈绿色，叶背呈粉红色，成熟的果实，如同一个个雪域精灵跳跃于枝头。聪明的雪域人民，在长年的生活积累中，慢慢地摸索出把俄色树制成茶叶的方法，在日常生活中既可充当饮品又可确保身体安康。雪域俄色茶悠远、厚重，幽幽茶香中仿佛在述说那远古传说；它浓郁、刚健，浓浓茶色里演绎着英雄的诗篇；它积淀着远古的文明，承载着藏族人民的勤劳智慧，傲立于雪域高原，娓娓道来这世间沉浮。

每个民族都有自己独特的饮食文化。藏族作为一个有悠久历史的民族，其饮食习俗别具风格，其中霍尔古藏茶（雪域俄色茶的前身）更是藏民族特有的茶饮，俄色茶以其原料的营养性、制作方法的独特性和功效的显著性闻名遐迩，形成了别具特色的藏茶文化。 1936年，朱德总司令率领红军进入了炉霍，与炉霍人民一起生活长达半年，朱德在此期间亲自带头参加劳动，开垦土地，种植庄稼。针对炉霍特有的高山物种雪域俄色树，朱德指出一定要保护好这一稀有的高山植物，并提倡雪域人民每日饮用俄色茶，确保身体健康。炉霍人民也为红军提供生活必需品、筹集粮食，还亲自为红军制作雪域俄色茶，减小了红军在炉霍的高原反应，确保了一些重大决策和举措的顺利制定。朱德和炉霍人民建立了深厚的感情，至今这里仍保留着“朱德村”。炉霍人民在抗战胜利中，起到了重要的作用，建立了民族团结的永恒丰碑。

神奇藏茶　雪域俄色

一缕阳光，照耀神土；一方祥和，沐浴万物。梵音在天际一隅喃喃颂唱，清脆悠扬的马蹄声早已远去，远古飘来的藏茶历史却香传在这天际与尘世之间，仿佛有一种灵魂的载体，让我们去体会最自然的馈赠，这就是雪域俄色茶。雪域俄色茶采摘于生长在海拔3000～5000米雪域高原的野生俄色树，以其嫩生的叶、芽经传统工艺与现代工艺结合精制而成。在藏族生活中“宁可三日无粮，不可一日无茶”。因为饮用藏茶熬制的酥油茶能分解淤积在体内的高脂肪、高蛋白。长期以来，用俄色树叶、芽制作的藏茶在藏区仅作为土司、活佛以及贵族阶层接待贵宾、节庆活动专用饮

品，它的神奇功效被录入了古典藏医药著作《藏药晶镜本草》。茶马古道专家殷晓俊先生考证出千年前，藏区就制出了霍尔古藏茶（雪域俄色茶的前身），填补了藏区无茶的历史空白。

品雪域俄色茶　参悟人生百态

品雪域俄色茶讲究16道工序：敬香祈福，营造肃穆祥和之气氛；恭候嘉宾；轻拂祥云；临泉听涛，陆羽《茶经》有水三沸之说，初沸如鱼目，二沸、三沸声渐奔腾澎湃，涛声四起；仙雀沐淋；仙茗入宫；沐浴春风，即润茶，以回旋手法将沸水倒入，使优质的藏茶得以浸润散发幽幽茶香；涓涓清流；雀跃仙台；喜降甘露；敬奉香茗；鉴赏仙容，优质藏茶汤色清亮，周边带有金色光晕；细闻天香；初品仙茗；再斟金霞；领略藏韵，感受浓浓的茶香。这看似复杂的品茶过程却蕴涵着博大的藏族文化。

·雷敏／摄影

· 雷敏 / 摄影

藏族文化讲究纯净与空灵，如同佛学厚重而致远。雪域俄色茶在藏文化中给予了人们一种聆听自然的福音，在茶香袅袅中渗透了川藏文化的韵味，达到天人合一的雅致境界。看茶起茶伏，如品人生百态，雪域俄色茶在茶马古道上飘扬了千年之久，如今作为一种贯穿了藏茶文化的产业经济，填补了藏区无茶的空白，使得中国茶文化更加丰富与饱满。

文化积淀

养生怡神　茶韵犹存

藏区高原的茶文化，至少有千年以上的历史。

《尔雅·释木篇》中说：“木，苦荼（茶）也。”

藏语称茶为“萸”。茶叶具有消食、止渴、去腻等特殊的功能。对于缺氧、干燥和以肉食、酥油、糌粑为主食的青藏高原人来说，确实是不能一日无茶。

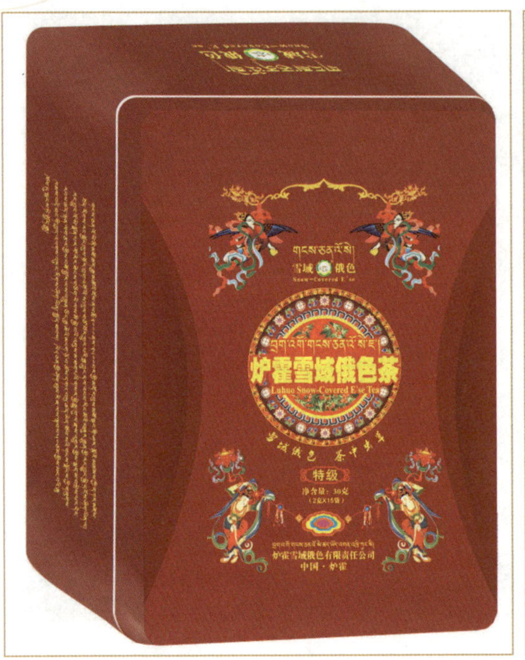

挖掘品牌底蕴　提升品牌价值

在藏区高原，炉霍雪域俄色有限责任公司承担着炉霍雪域俄色茶的研制和开发，公司是中央民委评定的“十二五期间全国民族特需产品生产加工企业”，主要从事雪域俄色种苗培育、种植和雪域俄色系列产品的开发。

公司注册了“雪域俄色”商标并获得了“四川名牌”“四川省著名商标”称号；公司通过了ISO 9001:2008国际质量体系认证；荣获了四川省质量技术监督局授予质量信用AAA证书；在第九届中国食品安全年会上，公司被评为“食品安全示范企业”；公司是第十二届西部国际博览会战略合作伙伴；另外，公司生产的炉霍雪域俄色茶通过了“绿色”“有机”认证及国家地理标志产品保护；2008年，“炉霍雪域俄色茶新产品开发”项目荣获四川省重点技术创新奖；2013年，“炉霍雪域俄色茶研制与开发”荣获甘孜州科技进步一等奖。炉霍雪域俄色茶更被作为第十二届西博会专供产品赠送给参加这次盛会的50多个国家外宾、使节与国内参展省市特邀嘉宾。

公司在茶叶采摘、精选加工过程中，全面推行现代化、标准化、生态化管理，自主研发上市了纯天然炉霍雪域俄色绿茶、雪域俄色（霍尔古藏茶）砖茶等高、中、低档2个系列、3个等级的产品。

目前，公司规划将俄色古茶树资源保护、格萨尔文化挖掘与康北旅游业有机结合起来，挖掘雪域俄色品牌底蕴，提升雪域俄色品牌价值，增加雪域俄色茶的影响力。加大宣传力度，营造品牌文化，建立无形资产，将有形的产品与无形的客户价值联系在一起，推动企业可持续发展。

知识链接

茶马古道　西域瘦马

茶马古道是一个非常特殊的地域称谓，位于中国西南地区，是以马帮为主要交通工具的民间国际商贸通道，是中国西南民族经济文化交流的走廊，也是一条

世界上自然风光最壮观，文化最神秘的绝品旅游路线，它蕴藏着无尽的西域文化遗产。

清明时期，云南藏销茶主要经丽江进入古宗西藏（今香格里拉和德钦县）和康藏、炉霍。进入康藏的茶，一部分在木里、稻城、理塘销售；另一部分到打箭炉（今康定），将云南的竹筐包装换为牛皮包装后继续前进，去康藏线至拉萨等地销售。长路漫漫，障碍重重，沿途既有土司、寺院设卡收过路费，又时常因动乱引起茶路阻塞。

在古道上是成千上万辛勤的马帮，日复一日，年复一年，在风餐露宿的艰难行程中，清悠的铃声和奔波的马蹄声打破了千百年山林深谷的宁静，开辟了一条通往域外的经贸之路。在雪域高原奔波谋生的特殊经历，造就了茶商们讲信用、重义气的性格；锻炼了他们明辨是非的勇气和能力。他们既是贸易经商的生意人，也是开辟茶马古道的探险家。他们凭借自己的刚毅、勇敢和智慧，用心血和汗水浇灌了一条通往茶马古道的生存之路。

神奇的俄色树

俄色树又称变叶海棠，属于蔷薇科苹果属陇东海棠系植物，主要分布于我国的四川西部藏区、西藏东南部，是我国横断山脉地区特有品种，是极珍贵的植物资源。甘孜州康北区域由于其特殊的地理位置和独特的自然条件，孕育了丰富的变叶海棠种质资源，是我国变叶海棠种质资源聚集区之一，也是我国变叶海棠药用品种的分布中心区域。

本产品未署名图片均由炉霍雪域俄色有限责任公司提供

产品概况

产 品 名 称：江西修水宁红茶

国家公告号：国家质量监督检验检疫总局2004年第158号

保 护 范 围：江西省九江市修水县

江西修水宁红茶

一个中国茶文化研究者，如果不了解红茶，那他的调查研究是片面的；一个爱喝红茶者，如果没喝过宁红茶，那他对中国红茶的认识体验是不完整的；江西修水宁红茶天生丽质、卓尔不群，作为爱红茶者，不读宁红，您就没有真正意义上登堂入室。①

① 摘自《中国茶文化之旅·宁红篇》。

地理环境

“幕阜如虎，窥三湘而瞰楚地；修河似龙，奔鄱湖而下长江……”在这龙盘虎踞之地，修水就如一颗“绿色明珠”，镶嵌在赣北腹地、修河上游。这方5404平方千米的沃野，物华天宝，文化厚重，人杰地灵，是北宋诗书双绝黄庭坚、近代陈宝箴、陈三立、陈寅恪等“陈门五杰”的故里，秋收起义的策源地。

雾芽吸尽香龙脂　峻山秀水出好茶

修水地处赣湘鄂三省交界，九岭山脉和幕阜山脉分居南北，修河穿境而过，亚热带湿润季风气候润育了丰富的自然资源和生物，形成了“八山半水一分田，半分道路和庄园”的地势特点。独特的区域和气候，使修水县拥有一流的宜茶生态环境，红茶专家冯绍裘称修水是“天然的产茶基地”。

·幕阜、九岭山脉围绕，天然的桃园深处　邱建峰／摄影

山——钟灵毓秀，峭峰深壑，群山环抱，茶叶生长在这种“仙山灵草湿行云，洗遍香肌粉未匀”的环境中，真是“孕灵滋雨露，钟秀自山川”，是名副其实的生态茶、有机茶、绿色无公害茶。

土——砾岩厚壤，山地红壤居多，土质疏松透水通气性好，表层腐殖厚，有机质含量高，富含养分，为发展茶业提供了得天独厚的条件。

气——顷刻万变。充足的日照、充沛的雨量，溪流和峰峦、丘陵相互交错，形成独特的微域气候，山间常年云雾弥漫，空气湿润。

水——清冽甘甜。一条修河及支流盘旋贯穿全境中，曲曲山回转，峰峰水抱流。

碧水丹山，高山幽泉，迷雾沛雨，茶叶接受着天水的滋润，独享大自然之惠泽。茶饮天水，人饮茶水。茶叶就这样神奇地把人和自然水乳交融地连在一起。如果说水是跳动在修水山间的精灵，那么茶无疑是大自然对勤劳修水人民的最好馈赠。

· 秀美修江　邱建峰 / 摄影

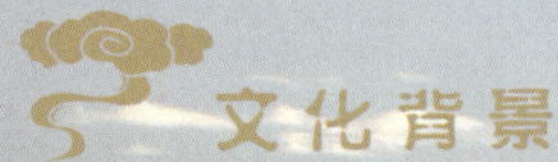

二百年宁红茶传承与创新

修水县商称艾侯国，春秋为艾邑，汉设艾县，现尚存古艾都城遗址，唐宋后先后改称分宁、义宁等。“南国有嘉木，艾地产佳茗。春来犹几枝，幕阜满目青。”作为江南著名茶区，修水产茶始于唐，名于宋，盛于清，有1200余年悠久历史。后唐学者毛文锡《茶谱》记载：“洪洲双井白芽，制作极精”（双井为今修水杭口镇双井村）。北宋黄庭坚将家乡制作的双井草茶推赏于京师，一时名动京华，被欧阳修在《归田录》中誉为“草茶第一”。南宋嘉泰四年（1204年），

隆兴知府韩邈奏曰："隆兴府惟分宁产茶，他县无茶。"当时年产茶100余万千克，"双井""黄龙"等茶皆称绝品，被列为贡茶。

宁红工夫茶创制于清代初期，声名显著于清道光年间，高山平地皆种茶叶，修水是宁红茶的核心产区，毗邻武宁、铜鼓等县亦产宁红茶。

清光绪十八年至二十年（1892—1894）为宁红出口的鼎盛时期，修水的茶庄，有100余家，计有广帮10余家，徽帮10余家，本帮及杂帮60余家。此外，还有外商开设的茶庄。早在明万历年间，在修水的漫江，就有外商设厂加工茶叶。清中叶，俄商在修水设立新泰、顺丰、阜昌等3家分行，采办红茶及花茶运销海外。

·修河蜿蜒穿境而过　邱建峰／摄影

修水茶厂嘱写

宁州红茶誉满神洲

努力革新永葆千秋

一九八六年秋吴觉农敬题

1915年，粤商陈翊周、唐吉轩、陈玉麟创办了“宁茶振植公司”，推广茶叶生产技术，购办新式制茶机械。“宁茶振植公司”的成立标志着传统茶叶经营体制的解体，闪现出现代企业制度的曙光。

宁红在国内各地销售，在清末民初达到高峰。据《中国茶讯》（1951年版）记载：“1906年南昌始有茶号开业，市上以宁茶为主，次为婺源、祁门茶，……1934年最高吞吐量为一万担，销哈尔滨、镇江、南京、天津、济南等地。”

近代宁红

正因为宁红茶独特的优良品质，当代茶圣吴觉农先生1934年曾亲赴修水创办第一个茶叶改良场（即现九江市修水茶叶科学研究所前身），尔后有冯绍裘、方翰舟、黄植夫、刘隆祥等专家先后在此为求宁红茶之真谛而探索。

1953年起，成立茶叶技术改进队，推行室内发酵，烘焙干燥，废除太阳晒，从而消除茶叶的花青和日晒味，提高了品质。1958年，茶试站研制出高级宁红——“山谷红”被选为国务院礼品茶。1986年吴觉农先生为宁红茶欣然题词并鼓励“宁州红茶誉满神州，努力革新永葆千秋”。

· 宁红茶外销包装

· 清代时期外国商人监制宁红茶生产场景

宁红祁红並称世界之首卅年参观英伦時已茶上却以寧红代祁红録供参攷

吴觉农

一九八九.一.五

北京时年九十三岁

· 吴觉农为宁红题词

文化积淀

茶盖中华 价甲天下

修水宁红茶，始于清代初期。据《义宁州志》记载：“清道光年间（1821—1850），宁茶名益著，种莳殆遍乡村，制法有青茶、红茶、乌龙白毫、茶砖各种”。因当时修水县属“义宁州”，故所产红茶称为“宁红”。

而让宁红茶声名远播的人，最重要的一位就是后来成为修水大茶商的罗坤化。清道光二十五年（1845年），罗坤化出生在江西修水县漫江乡大源里村一农家。罗坤化小时候，家境贫寒，靠当佣工或卖柴度日，因家贫读书不多，只粗通文墨，但他自幼正直忠谨，聪明勤快。

罗坤化30岁那年，来到漫江郭佩堂（粤商）茶庄学做茶，开始接触茶叶这个行当。由于他悟性高、能吃苦，进步神速，很快就得到老板器重，不久便当了包头，并帮助管理茶庄。学成10年后，罗坤化自筹资金设“厚生隆”茶行，开始独立经营。他本着“大启茶市，扩利源而富地方”的志愿，精心研制茶叶。

光绪十七年（1891年），罗坤化迎来了一件改变他一生乃至宁红茶命运的大事。这一年，他亲手制作100箱“白字号”新品宁红茶，送往汉口销售。适逢此时俄国太子尼古拉·亚历山·德洛维奇在武汉游历，他见罗坤化所制红茶色、香、味俱美，品质极佳，对其大加赞赏，这引起俄商争相以高价购买，每箱（25千克/箱）出白银100两，俄太子更赠“茶盖中华，价甲天下”嵌金长方形匾一块，并将

·茶工祖师罗坤化

·太子赠匾

罗坤化所制红茶列为沙皇皇室饮品，成为贡品，从此便有宁红“太子茶”之称。自此，罗坤化之名大噪于商界，京沪一带茶商更是称罗坤化为“茶大王”。

郭敏生叔侄南洋劝业赛会上两次获奖

郭敏生，名政，号蕙棠，例授大学生，陞授州司马。1850年出生漫江，是罗坤化之后漫江茶乡的著名茶商。

1910年，郭敏生“义泰祥”的宁红贡茗，在南洋劝业赛会上，商业部长核定奉旨给奖“最优等”文凭。回来后，义宁州还赠给一块黑底金字大横匾，上书：“赠给郭蕙棠先生　茗高中外　义宁州赠”字样。能在这种盛会得到奖励，既是郭敏生“义泰祥”的荣耀，也是义宁州的脸面，义宁州当然要送匾祝贺，于是郭敏生在漫江郭家祠堂开筵庆贺。此后，郭敏生的生意越来越大，又在山口街扩大“义泰祥”茶行规模，分东栈、西栈经营。同时，还在杜市牌坊下及山口等处开设“生和祥”杂货铺，一边收购茶叶，一边做其他买卖，生意非常红火。

郭敏生在山口置业后，即逐渐将“义泰祥”茶行的业务交给了其侄子郭鸣歧负责，在郭鸣歧接办“义泰祥”期间所做的宁红“贡茗”，1915年又在南洋劝业赛会上获“最优超”等文凭。同年，“义泰祥”提供的优质宁红茶，在美国旧金山举办的举世闻名的巴拿马太平洋万国博览会上荣获最高奖——甲级大奖章。

·清泉润茶香，绝佳的宁红茶生长环境　邱建峰 / 摄影

· 茶园　官廉／摄影

莫雪岷兄弟创"宁红不到庄 茶叶不开箱"行规

莫雪岷，生于1880年，漫江中平（现在的宁红村）人，文化不高，但却是很会交际，颇善言词。他自年轻起就从事茶叶经营，长达40年之久，是当时修水颇有名气的茶老阔，时人尊称为"老雪"。

雪岷共有四兄弟，均以做茶为业。1916年合伙办"怡和福"茶行，规模不小，员工上千人。"怡和福"在漫江洞下街有毛茶精制厂，在上、中、下沙溪和中平分有4个初制厂。精制厂有6台铁制揉茶机，用6马力①的发动机带动，开了修水最先引进和运用揉茶机之先河。

1936年莫雪岷四兄弟改"怡和福"为中平茶叶生产运销合作社，1938年成立修水茶联社第一精制茶厂，1940年再加上杜家庄茶共加工4个社的毛茶，当年所做的400箱"奇奇号"太子茶，以"一五"小箱装运香港出口，每箱用24个龙须茶盖面（作为彩头、标记和特惠）销售欧美各国。"奇奇号"宁红茶运到香港口岸时，其他省的茶叶都运到了一两天，专等宁红茶及老板来开箱评优，故在口岸形成了"宁红不到庄，茶叶不开箱"的行规。

① 1米制马力＝735.5瓦（W）
1英制马力（hp）＝745.7瓦（W）

品牌建设

发展多种形式规模经营，构建集约化、专业化、组织化、社会化相结合的新型农业经营体系。

2012年12月27日，江西省宁红集团有限公司与修水县26家茶企、30户茶农签定产销合作协议。宁红集团根据茶企、茶农生产规模和需要，提供一定数量的生产启动资金，负责免费提供生产技术指导、茶叶加工人员技术培训，按相关单位及双方参加的茶叶价格听证会确定的样价标准收购茶产品，并按批次及时结清

茶产品货款。同时，严格要求茶企、茶农按照集团的技术标准进行生产，确保茶产品质量。

为做强做大“宁红”品牌，解决茶农茶企的后顾之忧，充分起到龙头企业带动产业发展的作用，宁红集团推行了“品牌+公司+农户+基地+合作社”的茶叶生产、加工、销售合作模式，在修水以“宁红”品牌为中心，以服务茶产业为宗旨，在自由自愿、互利互惠的基础上形成可持续发展的绿色经济产业链，助推了宁红茶产业的发展，带动了更多的茶农增收致富。

· 宁红集团总部宁红茶文化生态产业园区

宁红龙须茶

龙须茶的美，是五色线慢慢缠绕的温柔，是冲泡后盛开的菊花，亦是入口的甘甜，回味的悠长。

宁红龙须茶是由江西修水宁红茶村创制的特种工夫红茶， 在清道光年间与宁红工夫茶是同时兴起，因其成茶“身披红袍、外形似须”而得名。龙须茶选料讲究，要有所谓的“雀舌”和“龙牙”，要采生长旺盛、持嫩性强、芽头硕壮的蕻子茶（正常的未成熟的新梢），制作精细，风格独特，品质优异。以往宁红茶商每年要在出口的第一批优质“宁红”茶箱（俗称贡箱）里放5～24个龙须茶盖面，作为彩头和标记，十分美观，产品畅销欧美各国。

宁红龙须茶的制作工艺

制作龙须茶的鲜叶，要求生长旺盛、持嫩性强、芽头硕壮的蕻子茶，多一芽一叶至一芽二叶，芽叶要求大小长短一致。鲜叶经萎凋、揉捻、发酵、初干后，为半干半湿的茶条。将之理直，基部比齐，以90～100条为一把，两把并拢扎在一起，长条茶在外，短条茶居中，以白线由底至芽尖扎紧，呈饱含墨汁的大号毛笔形。然后烘焙28～36小时。最后拆去白线，底部仍用白线绕三圈，再用五彩线环绕，将整个龙须茶扎成网状，底部剪齐，扎好花线后，线头用针穿入茶内，部分线头略露在外。每个产品干重约7克，形如红缨枪之枪头，条索挺秀显毫，外披五彩花线，十分美观。

宁红龙须茶的冲泡方法

龙须茶具有独特的艺术风格和特异的色、香、味、形，可用盖碗采用工夫茶式冲泡法，亦适宜在玻璃杯中冲泡，龙须茶冲泡时，找到花线头，抽掉花线（基部白丝线不解），整个龙须茶在茶汤中基部束下沉，芽叶向上散开，宛若一朵鲜艳的菊花，故有“杯底菊花掌上枪”之称。汤色中间红艳明亮，边缘金黄，叶底嫩匀有光，香气鲜爽馥郁，滋味甘醇浓厚。冲泡 5～8 次，色、香、味仍佳。

本产品未署名图片均由江西省宁红集团有限公司提供

· 拆除彩线

· 拆线完成

· 置入杯中

· 冲泡

· 菊花呈现

· 官廉 / 摄影

产品概况

产品名称：普洱茶

国家公告号：国家质量监督检验检疫总局2008年第60号

保护范围：云南省昆明市、楚雄州、玉溪市、红河州、文山州、普洱市、西双版纳州、大理州、保山市、德宏州、临沧市等11个州市部分现辖行政区域

普洱茶

普洱茶，从孕育地球上最早茶树的原始森林而来，凝聚了千百年来彩云之南众多民族的共同记忆，承载着历史长河中人类与茶树间美妙的亲和故事。这片叶子，是布朗族祖先为后人留下的取之不竭用之不尽的生存之源，是艰险的茶马古道上沉甸甸的挂念与期盼，是『名重于天下』的清朝贡茶……经过了时间的冲刷与洗涤，经历了生产及冲泡过程中水与火、生与死的历练，普洱茶的重生，是其三千多年产制历史及丰富文化内涵的复兴，在其陈酽、暖润的基调下变化无穷，是深沉绵延口味的觉醒，是微生物创造的粗糙乡土却最经得起时间考验的叛逆美感的领悟。符合当代广大消费者健康需求。

地理环境

高山云雾出名茶

普洱茶之所以为中国地理标志产品，是因其不容复制的地域特性和特殊的品质征服了人们，在各大茶类之中自成一家，这是云南特定地理系统的地理价值决定的。这个特定的地理系统是自然地理、气候及生态、物种多样性融合的产物。适合云南大叶种茶栽培和普洱茶加工的区域位于北纬21°10′~26°22′，东经97°31′~105°38′，茶园主要分布于海拔1000~2100米。该区域属热带、亚

热带立体气候，温暖湿润，冬无严寒、夏无酷暑，雨量充沛、空气湿度高，光照量多质好。相较同纬度其他地区，这片区域的红壤土层深厚，酸性、有机质含量高，非常适宜茶叶生产。特别是滇南1500米以下主要分布的赤红壤，极宜茶树生长，是普洱茶区的重要土壤。

云南野生型古茶树的代表，是屹立在普洱市镇沅县千家寨原始森林中的“天下第一茶树王”，树王高25.6米，树龄2700年，是世界上现存最古老的茶树。1991年在普洱市澜沧拉祜族自治县境内发现的过渡型千年古茶树——邦崴古茶树，证明了中国是世界茶叶的原产地，而并非印度。同样在澜沧拉祜族自治县，景迈山上有一片世界上最大最古老的栽培型茶园——景迈芒景千年万亩古茶园。据记载，这片古茶园距今已有1300多年的历史，是最大规模的人工种植云南大叶种茶的杰作，被誉为“茶树自然博物馆”。

·宁洱生态茶园　李姝谚／摄影

文化背景

历史上的普洱茶

普洱茶历史悠久，有着极其丰富与厚重的文化积淀。普洱茶出现于商周时期，兴起于汉晋，发展于唐宋，鼎盛于明清。唐代就形成了与青藏高原藏牧区的以茶换马、茶马互市的局面。元世祖忽必烈把茶马古道定为正式驿道。各地的茶号，将自己生产的茶叶源源不断地通过茶马古道运往各地。普洱茶于清朝“名重天下”，市场需求的急剧增加使得朝廷开市、控权，皇帝的青睐又使普洱茶成为了贡茶。至今，故宫还珍藏着光绪年间进贡的万寿龙团贡茶。万寿龙团贡茶重约2.5千克，历经150多年仍然保存完好，外观端庄，色泽明显，被誉为“可以喝的古董”。普洱茶在当时不仅受到历代皇帝的喜爱，朝廷还将普洱茶作为国礼送给外国使臣。

云南大叶种茶树是国家级茶树良种，茶树植株多为乔木型，树冠高大，其内含物质丰富，是普洱茶的唯一原料。普洱茶以云南省一定区域内（即地理标志保护范围内）的云南大叶种晒青茶为原料，采用特定的加工工艺生产制成。普洱茶分为普洱茶生茶及普洱茶熟茶两种类型。普洱茶生茶是以符合产地环境条件的云南大叶种茶树鲜叶为原料，经杀青、揉捻、解块、日光干燥、蒸压成型等工艺制成的紧压茶，具有外形色泽墨绿、内质香气清纯持久、滋味浓厚回甘、汤色绿黄清亮、叶底肥厚黄绿的品质特征。普洱茶熟茶是以符合产地环境条件的云南大叶种晒青茶为原料，采用特定工艺，经后发酵加工形成的散茶和紧压茶，具有外形色泽红褐，内质汤色红浓明亮，香气独特，陈香浓郁、滋味醇厚回甘，叶底红褐的品质特征。普洱紧压茶的代表性产品主要有：饼茶、沱茶、砖茶、特型茶等。

·陈七铭／摄影

饼茶 是外形呈扁平“饼状”的普洱茶。常以七块饼茶为限，用笋叶包装为一筒，故又名“七子饼茶”。传统的“七子饼茶”每块净重357克，直径22厘米，中心厚度2厘米，边缘厚1厘米。近几年应市场需求，其他规格的饼茶也大量出现。

沱茶 是外形呈“碗臼状”的普洱茶。旧时主产下关，经茶马古道行销四川、西藏等地。川人常以“沱江”水冲泡，遂有“下关茶叶沱江水”的佳话，“沱茶”也因此而得名。每个净重100克，偶有250克或500克生产。20世纪90年代初改良的3～5克“迷你”小沱茶引发了沱茶产品链向大小两端的延伸。形似南瓜状的“金瓜茶”亦是沱茶的一种。

砖茶 长方形或正方形，酷似“砖块”，每块重量250～4000克不等。

特型茶 普洱紧压茶中，除了饼茶、砖茶、沱茶三种最为传统的形制以外的形状各异的普洱茶。常见的有班禅紧茶（俗称蘑菇茶）、钱币茶、葫芦茶等。

普洱茶与民族文化

作为中国历史名茶，普洱茶属中国茶文化的重要组成部分，但又有着自己独特、强烈的地方民族文化风情。云南的少数民族，特别是布朗族、基诺族、佤族、彝族的先民，不仅是世界上最早发现并利用野生茶树的人，并且创造、发展了各民族特有的茶艺、茶礼、茶俗，创造了丰富多彩的茶文化并沉淀为一种民族精神。

普洱茶与名人雅士

乾隆皇帝对普洱茶情有独钟，专门找来陆羽的《茶经》研究却没能查清楚，于是就有了御制诗《烹雪用前韵》中的诗句：“独有普洱号刚坚，清标来足夸雀舌。点成一碗金茎露，品泉陆羽应渐拙。”

在文化学者余秋雨眼中，书法、昆曲、普洱茶是“举世独有的三项文化”，暗藏中国文化的“命穴”和“胎记”，而普洱茶是纯粹的“生态文化”。他的《品鉴普洱茶》，书写的是普洱茶及普洱茶文化内在的精神价值，字里行间满满

·陈七铭／摄影

渗透出他对普洱茶的喜爱以及茶之于生活的感悟。那一句“我是谁？我从哪里来？又到哪里去？——喝一口便知”悠长而深远。

品牌建设

成立于2006年4月的云南省普洱茶协会，是全省性普洱茶行业组织。为了规范普洱茶行业及市场，更好地保护普洱茶生产者与消费者的权益，维护云南普洱茶产业的发展，协会成功申报了“普洱茶”中国地理标志产品。“普洱茶”地理标志产品品牌的综合价值及综合价格在地理标志产品中名列前茅，因而，云南省普洱茶协会的品牌建设之路任重道远。“普洱茶”地理标志作为行业的金字招牌，对于其使用管理做到“严格条件”下的“放开使用”，为真正想做好普洱茶的企业保驾护航，严厉打击侵权违法行为，严厉查处，形成“凡是用上地理标志的，就在政府的监管之下，产品质量有保证，食品安全合格”的消费导向，最终引导产业良性高效发展。

知识链接

普洱茶健康功效①

普洱茶，除了其独特的品质特征及引人入胜的文化内涵，在科学视觉下，普洱茶因其品种和加工工艺特殊，产生了独特营养作用及保健功能。首先，普洱茶内含有比小叶种等其他品种的茶叶丰富的氨基酸、维生素、微量元素等人体所必需的营养成分，并且由于普洱茶的发酵过程，经过众多微生物的作用之后，生产了比原来更多更容易被人体吸收的营养物质。除此之外，普洱茶还具有茶多酚、茶色素、茶多糖等特殊的功能成分，使得普洱茶具有了独特的降脂降糖、降胆固醇及减肥的功效。这与现代人生活中备受关注的几个主流的保健诉求相吻合，因此普洱茶在近十几年得到越来越多消费者的欢迎。同时，因为普洱茶中咖啡因的含量相比其他茶类低了很多，所以一般情况下在夜间饮用普洱茶是不会影响饮用

① 参见云南省普洱茶协会、昆明民族茶文化促进会编著《中国普洱茶百科全书》，云南：云南科技出版社，2011。

者的睡眠的。

普洱茶的挑选

一观茶面 好普洱色泽光亮，生茶新鲜，熟茶或陈茶黑里泛红，呈新鲜猪肝色。条索肥壮紧实、条形完整，外观平整端正、清洁、无杂质，纹路明晰、棱角齐整，松紧适度、不起层掉面。

二闻茶香 普洱茶的香气是最自然的、完全是靠茶品本身所含有的芳香物质，历经陈化时间、仓储环境，再经沸水冲泡而散发出的自然气味。

三品茶汤 好普洱，汤色明亮、透明。生茶泡之，色泽金黄，如琥珀、如宝石。熟茶泡之，色泽红亮，且随年份不同而变化多端，或如石榴、或如红酒、或如玛瑙、或如板栗，但一定明亮醇和，汤面还会形成一片油珠型的膜。饮之润滑爽口，回味悠长，醇香连绵不绝。

四鉴茶底 即茶渣，它是辨别茶叶用料的重要手段之一。生茶冲泡后，叶底新鲜饱满，以手指揉捏茶叶底，以弹性强、叶面完整为佳，表示茶叶制造得宜，仓储良好发酵完整自然。若冲泡后茶底活性柔软、色泽暗栗，则应为渥堆发酵之熟茶。

本产品图片均由普洱茶协会提供

·陈七铭／摄影

产品概况

产 品 名 称：安化黑茶

国家公告号：国家质量监督检验检疫总局2010年第29号

保 护 范 围：湖南省益阳市安化县清塘铺镇、梅城镇、乐安镇、仙溪镇、长塘镇、大福镇、羊角塘镇、冷市镇、龙塘乡、小淹镇、滔溪镇、江南镇、田庄乡、东坪镇、柘溪镇、马路镇、奎溪镇、烟溪镇、平口镇、渠江镇、南金乡、古楼乡，桃江县的桃花镇、石牛江镇、浮邱山乡、鸬鹚渡镇、大栗港镇、马迹塘镇，赫山区的新市渡镇、泥江口镇、沧水铺镇，资阳区的新桥河镇共32个乡镇现辖行政区域

安化黑茶

『世界只有中国有，中国只有安化有，安化黑茶中国独有，中国黑茶安化独尊。』

安化，中国黑茶之乡；中华祖源文化——梅山文化的发源地。安化黑茶，根据茶质、形态及加工工艺的不同，分为三大类，即『三尖』（天尖茶、贡尖茶、生尖茶）、『三砖』（黑砖茶、茯砖茶、花砖茶）、『一花卷』（千两茶）。安化黑茶产品可以永久收藏，黑茶现已被世界茶学界、医学界公认为二十一世纪最健康饮品之一。

地理环境

安化黑茶，因产自湖南安化县而得名。陶澍诗云：“斯由地气殊，匪藉人工巧。”安化古称梅山，地处湘中偏北，雪峰山脉北麓，资水中游，是一个“八山半水半分田，一分旱土和庄园”山区。宋代建县时，茶树已“山崖水畔，不种自生”，其处于神秘北纬30°和地球南北轴线的黄金分割点附近。

安化境内群山连片，丘、岗、平地分布零散，山体切割强烈，溪谷发

育，水系密度大。茶园土壤以酸性和弱酸性为主，氮、钾等有机质含量丰富。安化县处于亚热带季风气候区，四季分明，雨量充沛，严寒期短，茶树的生长期长达7个多月。

安化境内有占全球85%的冰碛岩地貌，冰碛岩称作“长寿石”“吉祥石”。安化县冰碛岩层厚度、规模和岩石质量均称“世界之最”，被科学界称为“世界奇观”。在这样的土地上种茶，茶叶平均含硒量为0.22ppm①，是全国茶叶含硒平均值的两倍，世界茶叶含硒平均值的7倍，为适度“富硒茶”。形成于6亿年前冰河世纪的冰碛岩是安化茶叶优良品质不可复制的地理环境条件。

• 好山好水出好茶　（唐溪）安化县茶业办 / 供图

① $1ppm=1\times10^{-6}$。

·中国黑茶博物馆 安化县质量技术监督局／供图

文化背景

兴于汉唐

目前可以找到安化产茶最早的历史记载是在唐朝，也有专家推断，长沙马王堆汉墓出土的茶叶来自安化，安化产茶历史可追溯到2300多年前的汉代。856年，唐代杨晔《膳夫经手录》记载的“渠江薄片茶”，运销湖北江陵、襄阳一带，进入长安，这是最早记录安化茶叶的历史古籍。

延于五代及宋

安化和新化早在汉朝即属长沙府辖制，时称梅山，有上梅山和下梅山之分。翟守素开梅山之后，宋熙宁五年（1072年）再开梅山置安化县，取归安德化之义，仍然隶属潭州。北宋启疆之初，安化茶叶“山崖水畔，不种自生”“唯茶甲诸州县”。五代毛文锡《茶谱》还曾记载：“潭邵之间有渠江，中有茶，而多毒蛇猛兽……其色如铁，烹之无滓也。”又载：“渠江薄片，一斤八十枚，其色如铁。”“渠江薄片茶”即是早期的安化黑茶。南宋时期，1175年，以黎虎将、赖文政为首，组建两支“茶商军”贩运安化黑茶，每队三四千人。

“四保”贡于明

1391年起，明朝采办的贡茶中，安化年贡“芽茶”11千克，每年谷雨前，在大桥、仙溪、九渡水、龙溪等“四保”由县长监督采制,史称“四保贡茶”。

1524年，史料记载：“商茶低伪，悉征黑茶……”“乡民大半以茶为业，邑土产推此第一。”这是“黑茶”一词首次见诸文字，是“安化黑茶”之名的由来。同时也说明在1524年以前，安化已开始大量生产黑茶。1595年，御史李楠以安化茶（私茶）妨碍茶法马政为由，上奏禁运，御史徐娇同时奏称：“汉川茶少而值高，湖南茶多而值下，湖南之行，无碍汉中。汉茶味甘而薄，湖茶味苦于酥酪为宜”。最终户部裁定，报请皇帝批准：“西北引茶，以川为主，湖南为辅”。从此“安化黑茶”正式定为“官茶”，逐渐取代川茶主销西北。

鼎盛于晚清

明末清初，晋商与安化茶人共同开辟了以安化为起点至中俄边境恰克图的“万里茶路”，是一条纵贯中国、连接欧亚，可与“丝绸之路”媲美的国际商贸大道。明末清初，安化县呈现出“茶市斯为最，人烟两岸稠”的繁华景象。

发展于当代

民国时期，特别是抗日战争时期，安化黑茶以其边需之盛而不止，仍然通过各种渠道运往边疆。1939年，中国黑茶理论之父——彭先泽在安化试制黑砖茶获得成功，安化诞生了中国第一片黑砖茶，随后安化又研制了湖南省第一片茯砖茶（1953年）、中国第一片花砖茶（1958年），安化从此成为中国黑茶紧压茶的摇篮。2008年，千两茶制作技艺被列入第二批国家级非物质文化遗产名录；2010年安化黑茶被国家质量监督检验检疫总局列入国家地理标志产品保护目录。

·茶马古道　安化县质量技术监督局/供图

两江总督——陶澍钟爱家乡茶

陶澍在京城举行的茶会上，曾吟五言长诗，详细介绍了安化茶的产茶历史、品质特征及其艰辛的生产过程，堪称安化茶的述事史诗：

我家茱萸江，乡物旧所积。
虽无甘露兄，犹足清两腋。
煮茗况家风，庭前馀雪白。
尚忆茶始犁，时维六七月。
山民历悬崖，挥汗走蹩躠。
培根阅冬初，摘叶及春发。
冻雷一夜鸣，蓓蕾颖欲脱。
是名雨前香，采之日一撮。
未几渐蒙茸，卓立针抽铁。
是名谷雨尖，香气弥勃勃。
毛尖如鹤毳，挨尖类雀舌。
黑茶号晚出，味厚亦非劣。
方其摘取时，篮筐偏山邑。
晨穿苦雾深，晚焙薪火烈。
茶成与商人，粗者留自啜。
谁知盘中芽，多有肩上血。
我本山中人，言之益凄切。
宁吃安化草，不吃新化好。
宋时有此语，至今犹能道。
斯由地气殊，匪藉人工巧。
茶品喜轻新，安茶独严冷。
古光郁深黑，入口殊生梗。
有如汲黯戆，大似宽饶猛。
俗子诩《茶经》，略置不加省。
岂知劲直姿，其功罕与等？

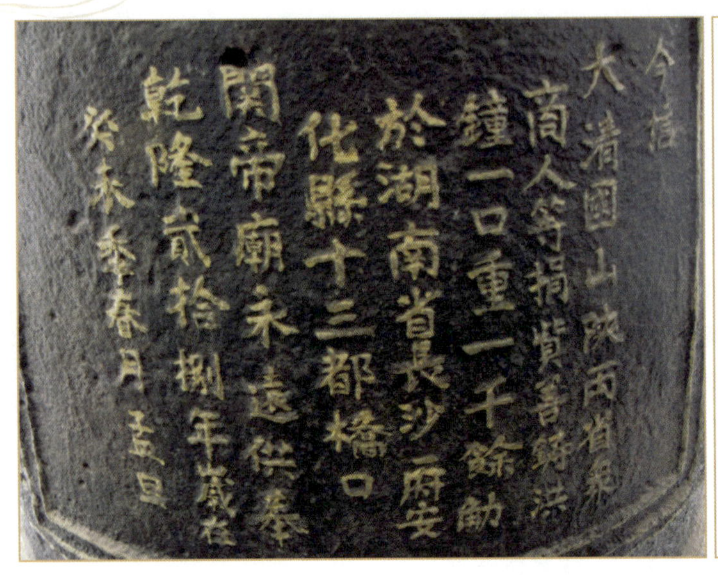

·古茶钟铭文　安化县茶业办 / 供图

·茶钟　安化县茶业办 / 供图

气能盐卤澄，力足回邪屏。
所以西北部，嗜之逾珍鼎。
性命系此物，有欲不敢逞。

西北茶务第一人——左宗棠

1839年，陶澍去世时托孤左宗棠，次年左宗棠从湘阴赴安化小淹，操持陶家事务，抚教陶澍之子陶桄，在安化居住8年。这一时期，他对安化黑茶有了深切的理解。

左宗棠后来成为晚清军政重臣，也是封建王朝最后一轮茶政改革的推动者。公元1873年，朝廷准奏“改引为票，增设南柜”。这一茶事制度的变革，极大地促进了安化黑茶的发展，有效地解决了黑茶边销和出口俄国的贸易问题，为新中国边茶供销政策的制订奠定了基础。

黑茶理论之父——彭先泽

彭先泽于1939年在安化江南坪筹建了中国第一个黑砖茶厂——湖南省黑砖茶厂（湖南白沙溪茶厂前身）。致力黑茶砖的研制、理论探讨，先后出版了《茶叶概论》《茶叶行政》《安化黑茶》《安化黑茶砖》等著作，主编《芙蓉月刊》

《湘茶》及《安化茶叶公司丛刊》，在湖南省的砖茶理论、技术、经营及人才培养上做出了突出贡献，有“黑茶理论之父”的赞誉。

品牌建设

自古以来，安化县是万里茶道的起点，安化黑茶由此船装马驮，销往西北各省，最远到达俄罗斯。鼎盛时期，晋、陕、甘等省茶商云集于此，东坪、酉州、黄沙坪、雅雀坪、小淹等市井，商铺绵延，茶号遍布，称为“茶市斯为最，人烟两岸稠”。

新中国成立后，黑茶成为国家计划生产商品，专供西北少数民族。20世纪80年代末期，随着计划经济向市场经济转轨，茶市日渐萧条。

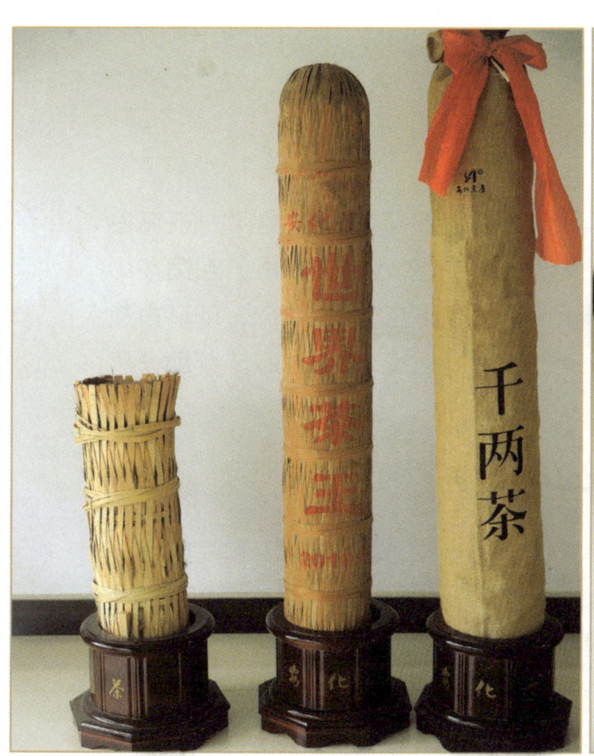

• 千两茶　安化县质量技术监督局 / 供图

近年来，随着普洱茶“热炒”，黑茶独特的保健功能为大众熟知，安化黑茶又迅速走红。安化县政府每年拿出3000万元，按每亩新建茶园补助1000元的标准，扶持茶企、大户，年扩茶园3万亩左右，安化黑茶发扬“生态茶、原叶茶、手工茶”特色，发展势头“一山更比一山高”。

2008年，安化千两茶和茯砖茶的制作技艺列入国家非物质文化遗产保护名录；2010年，安化黑茶被评为上海世博十大名茶和湖南省十大茶品牌；2011年，安化黑茶被评为中国最具带动力和最具传播力的茶叶区域公用品牌。

2013年，安化县实现茶产业综合产值近60亿元，茶产业税收过亿元，成为湖南省首个茶产业税收“亿元县”，连续五年跻身全国重点产茶县十强，黑茶产量位列全国第一。2014年，安化茶叶三大公共品牌估价达28.8亿元，其中：安化黑茶品牌评估价值达13.58亿元。目前，安化黑茶正在创建湖南首个全国安化黑茶产业知名品牌创建示范区。

安化县茶马古道

在湖南省安化县的崇山峻岭和山涧溪流之间，绵延着一条神秘的茶马古道。千百年来，无数的马帮在这条道路上默默行走，悠远的马铃声，回荡在山谷、急流和村寨上空，也成就了不同民族和不同文化的交融。如今，茶马古道上马蹄印仍历历在目，跨越溪流的廓桥仍屹立在风雨中，仿佛在遥忆着那一片历史的风景。

安化黑茶的优产区——二溪六洞九山茶特色

安化黑茶优产区位于安化境内二溪六洞九山茶，二溪指高甲溪和马家溪，六洞是火烧洞、钓鱼洞、漂水洞、檀香洞、深水洞、仙缸洞。二溪六洞都在天井山、辰山范围之内，其九山则是衡岳山系的芙蓉山、五龙山、磬子山、天井山、辰山、九龙池，雪峰山脉的云台山、乌云界、插合岭。雪峰山脉安化黑茶带苦涩、芙蓉山安化黑茶多甜甘、五龙山至九龙池安化黑茶殊生梗构成三大特色。

• 茶汤　安化县茶业办 / 供图